Paripé Books
Editor: Patricio Binaghi
Diseño Gráfico: setanta.es

Impreso en España

ISBN: 978-84-948457-2-7
Depósito legal: M-18062-2019

paripebooks.com

Cachete Jack

Un monstruo de dos cabezas

paripé books

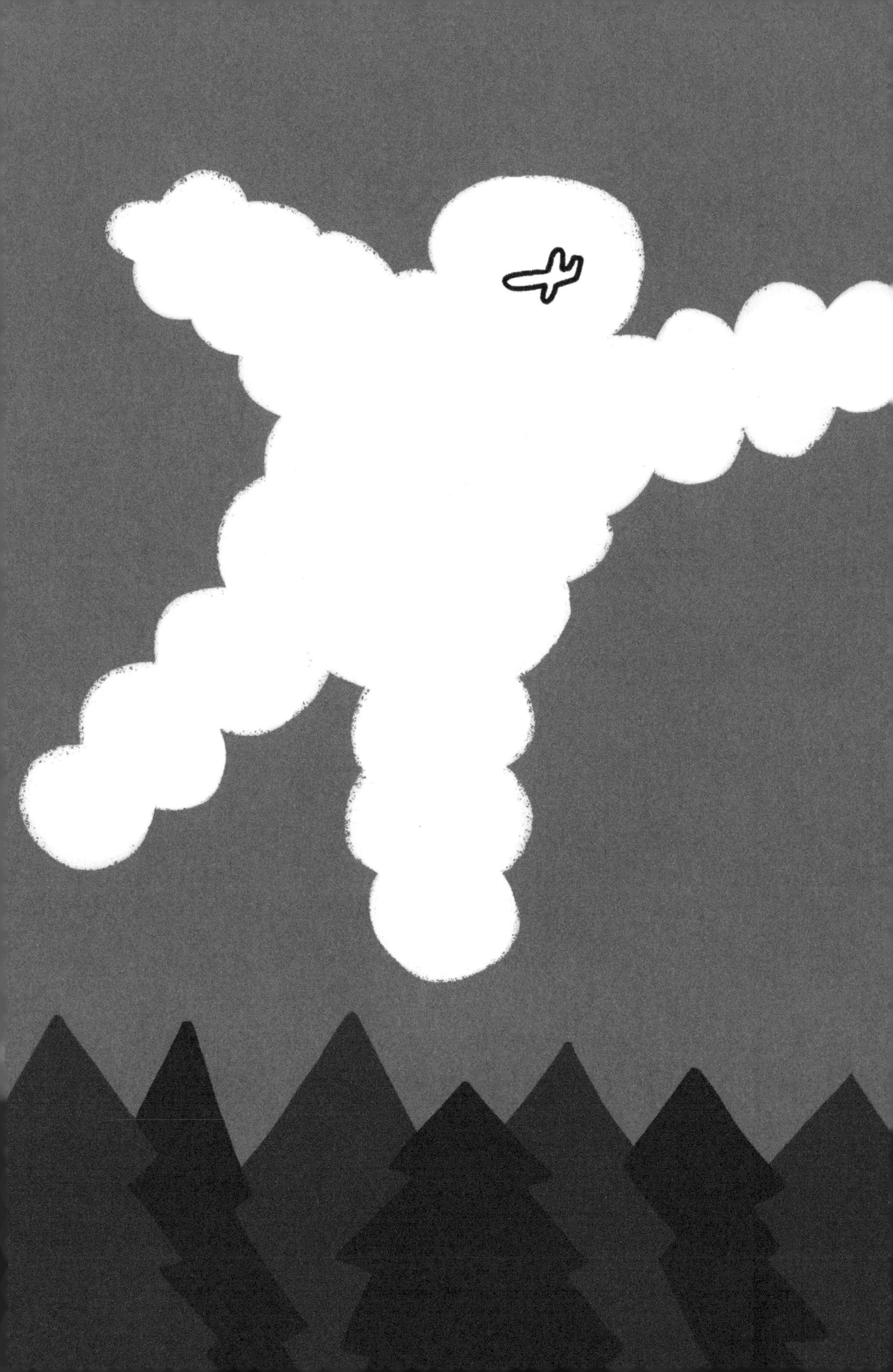

Seis palabras para definir el cachetismo

¿Nuestro proyecto fetiche? Editar un libro de tapa dura; algún día será real.

(Cachete Jack)

Por mi relación con ellas. Palabra clave:

AMOR

Conocí a Cachetejack o a Cachete Jack o a Nuria Bellver y a Raquel Fanjul allá por 2012, en una de las primeras ediciones de Tenderete, el festival de autoedición por excelencia de la ciudad de València, en donde vendían sus primeros fanzines, libretas e impresiones. Efectivamente, el suyo fue un cachete de aire fresco con aquella explosión de colores —entonces, aún ligeramente discreta para lo que llegaría después— aquella corrosiva manera de radiografiar a nuestra generación, con su incipiente *hipsterismo*, sus problemas del primer mundo, sus contradicciones, su autoparodia y su despellejadura del *culturetismo*. Bajo una apariencia naíf sus ingeniosos dardos conseguían hacer diana de la misma manera en que un niño resabiado es capaz de meter el dedo en la llaga con una sonrisa de oreja a oreja.

Recuerdo haber ido, poco tiempo después a una exposición que organizaban en el local de una asociación cultural y a la que no asistimos más de tres personas. Los comienzos son siempre difíciles, más aún cuando no se tiene padrino y cuando tu trabajo es una *rara avis*; algo que nadie más está haciendo en tu ciudad. Por aquel entonces, les organicé una exposición individual en el pequeño espacio del restaurante del MuVIM, el *Museu Valencià de la Il·lustració i la Modernitat*, a la que titularon con retranca *It's art for everybody?* y en la que, de una manera inmisericorde y desde dentro de la institución, se burlaban de los grandes tótems del mundo del arte y del esnobismo de su mercado.

En otra ocasión me pidieron, desde la dirección de un suplemento dominical de un periódico, que recomendara unas cuantas ilustradoras para un reportaje. Ellas se negaron a participar ya que el artículo incluía fotografiarlas maquilladas y vestidas por los estilistas de la revista. Su respuesta al periódico, digna de ser enmarcada, decía: «A nosotras nos gusta ser respetadas por nuestro trabajo y no hace falta que nadie conozca nuestro físico ni si nuestros labios son más o menos carnosos (...) no jugamos a ser modelos, ni chicas que dibujan. Tomamos la profesión como algo muy serio e interiorizado y no queremos ni ridiculizar nuestro trabajo y desvalorarlo ni hacerlo con nosotras mismas como mujeres».

Desde entonces, he tratado en vano de coleccionar todas sus publicaciones —tarea titánica dada su inhumana productividad— y de incluirlas en todos mis proyectos, llamada a la que —aunque cada una esté en un lugar distinto del globo en ese momento— siempre responden. De este modo, podría decirse que mantenemos una relación *poliamorosa* en la distancia de una fidelidad extraordinaria. Dicho lo cual, ¿cómo iba a ser este un prólogo objetivo y desapasionado y no lo más parecido a una declaración de amor fraternal, a la carta de un admirador sin reservas?

Por su biografía. Palabra clave:

LIBERTAD

Nuria Bellver (Torrent, València, 1988) y Raquel Fanjul (Alcañiz, Teruel, 1988) se conocieron en la facultad de bellas artes de València en 2006. La amistad, el sentido del humor compartido y la crítica conjunta al sistema de educación artística formaron las mimbres de uno de los colectivos artísticos más exitosos, desenfadados, sólidos y mejor construidos de su generación. Cachetejack nace como un pseudónimo absurdo —fruto de una de esas noches de esparcimiento y bromas entrelazadas entre amigos— en 2011, durante su último año de la carrera; un alias que firma varios manifiestos con los que empapelan la facultad, hastiadas de un sistema educativo conservador que les obliga a copiar y repetir ejercicios una y otra vez, y que poco o nada dejaba a la libertad creativa. Algunas de sus soflamas decían: «Si te gusta pintar con dos velas en la cabeza, hace dos siglos te hubieran aceptado. Si juegas a rol, te gusta ser Motoko [Kusanagi] y vas al salón del manga, estás muy, muy, muy jodido. Vete de aquí. (...) Si entras con ilusión saldrás con decepción. Estás a punto de joderte la vida. Tú decides.» A buen seguro, aquellos manifiestos no sentaron bien pues desaparecieron de las paredes al día siguiente, pero Cachetejack había nacido para quedarse, para mantener una postura crítica e inconformista, ingeniosa y punzante, con el concepto precediendo siempre al objeto, a la plasmación gráfica de las ideas.

Por su forma. Palabra clave:

COMUNICACIÓN

Porque, para quien no lo sepa, Cachetejack es un engendro creado a medias, de manera consensuada, sin un plan preconcebido y de manera espontánea, entre la probeta de laboratorio y el azar, con el ensayo/error y la naturalidad del libre fluir del trabajo diario. No es la suma de dos estilos individuales sino

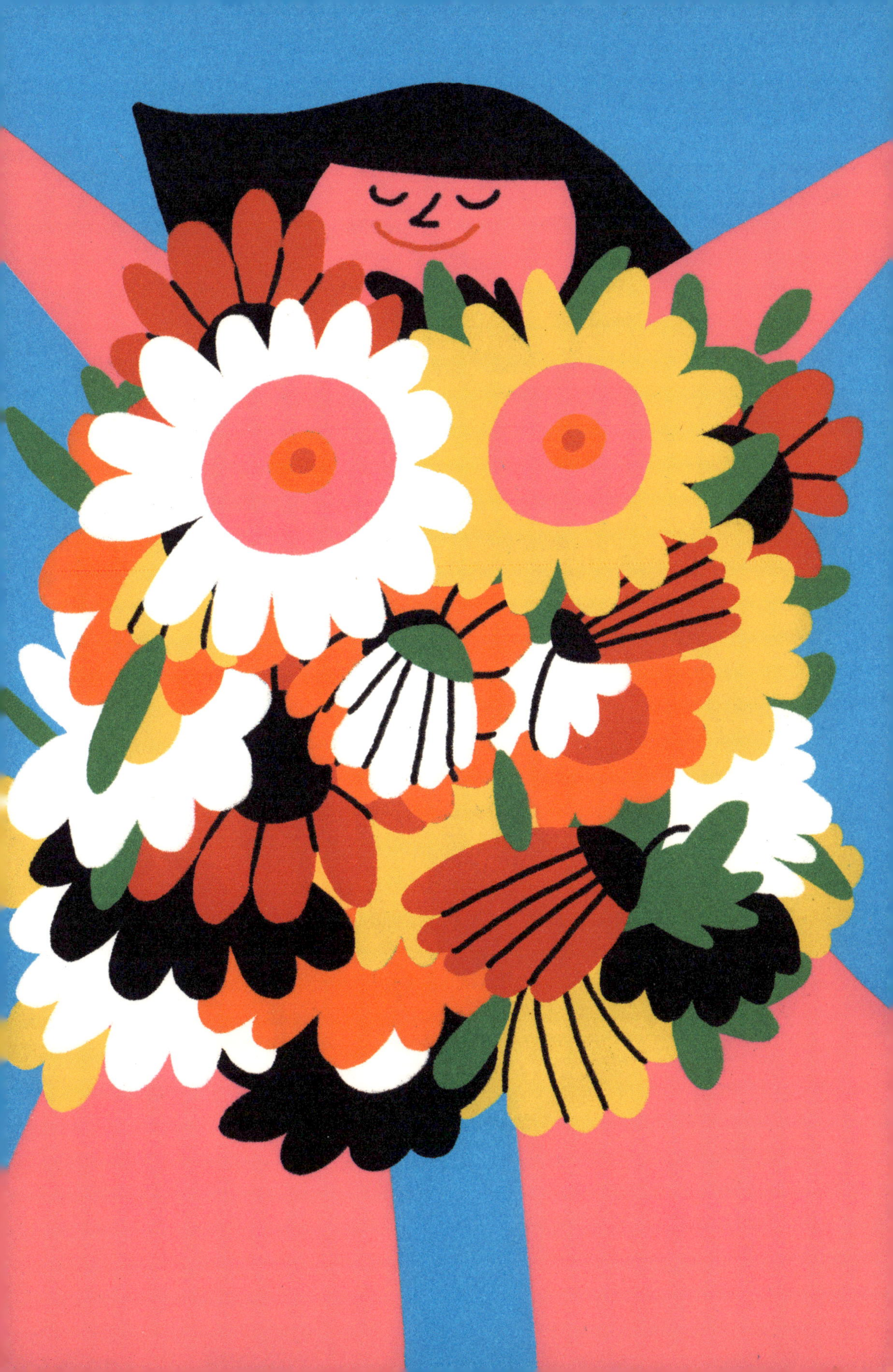

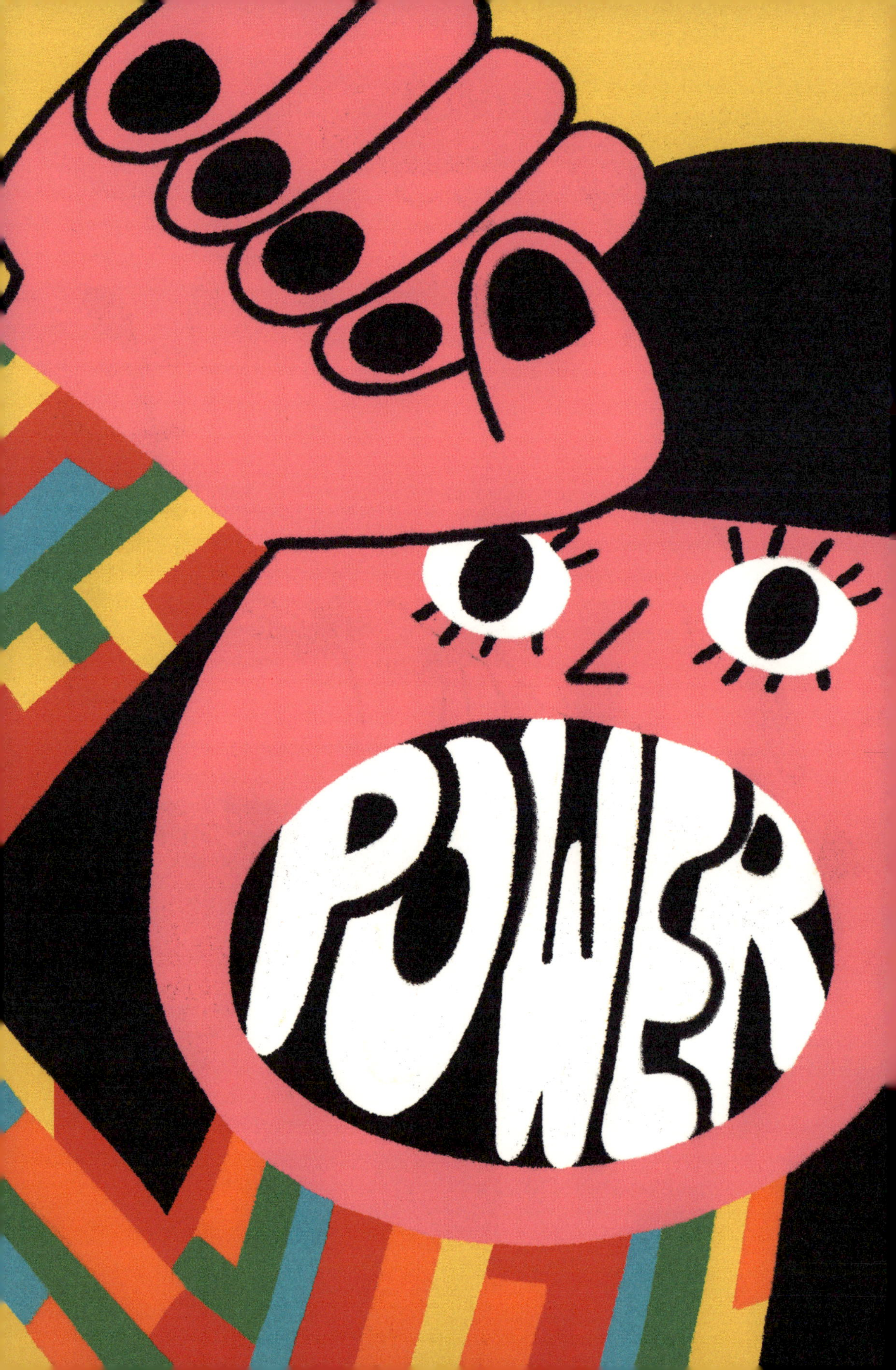
POWER

la verdadera creación de una personalidad gráfica singular que crece a cuatro manos, dos cerebros y dos estómagos, y con una obsesión primordial: hacer lo que quiera que hagan en cada momento como un acto de comunicación; uno que invite al espectador a mirar dos veces mientras se le dibuja una sonrisa en la cara.

Nuria y Raquel trabajan para el jefe de todo esto, para un ser supremo que las tiene contratadas a tiempo completo —aunque aspiren, como los grandes genios, a dedicar a la creación solo cuatro horas al día— y por el que reman siempre a favor de *cachetismo*; acallando los egos individuales y sobre todo, hablando constantemente de cómo se sienten, qué necesitan y respetando el espacio de la otra persona.

Como acto de comunicación, abogan por plasmar sus ideas de una manera directa y desprejuiciada, huyendo de la palabrería, de la explicación redundante, defensoras de que la obra debe funcionar por sí misma. Desde sus primeros trabajos, más abigarrados y pródigos en detalles y texturas, poco a poco se van depurando hacia formas más sintéticas con pequeñas aristas, avivando los colores y yuxtaponiéndolos sin miedo en una explosión lisérgica. Así, algunas de sus ilustraciones se convierten en complejas manchas en donde la abstracción —solo en apariencia— parece haber engullido a los referentes figurativos; proponiendo a menudo juegos y metáforas visuales en un denodado esfuerzo por mantener viva la curiosidad por la experimentación sin resultar repetitivas y evitando las fórmulas ya experimentadas sin por ello perder ese estilo propio naíf pero rotundo, desenfadado pero riguroso, que las identifica y las hace inconfundibles. Una pureza de las formas y de las tintas que nos habla de su filiación con autores como Milton Glaser, Muñoz Bachs o Henri Matisse; referencias que se complican y amplían con otros cientos de guiños a la cultura popular y a la observación de la realidad cotidiana.

A menudo el espectador es invitado a entrar en sus escenas más teatrales *in media res*, cuando la acción ya ha comenzado y no hay manera de detenerla; fabulando con la procedencia de los personajes e intuyendo mediante la revisión de la propia experiencia qué les ha llevado a estar viviendo esa situación en ese instante concreto y, desde luego, decisivo. Otras veces, sus ilustraciones dejan de lado esa condición narrativa para convertirse en símbolos, en iconos casi publicitarios que transmiten un concepto de una manera directa a la boca del estómago, llegando incluso, en un alarde de minimalismo y de conceptualismo extremo, a limitarse a unas sencillas palabras manuscritas que transmiten la idea principal con una aridez tan evocadora como desasosegante.

Por su concepto. Palabra clave:

HUMOR

Y es que, como se ha dicho, el concepto resulta crucial en el trabajo de Cachetejack. Tanto es así que son los materiales y las formas las que vienen después, las que se subyugan y se amoldan a este. Ya sea en sus trabajos por encargo o en sus proyectos propios —los cuales continúan desarrollando sin descanso pese a su enorme volumen de trabajo—, esa idea cazada al vuelo, consecuencia de su faceta de escudriñadoras, de atentas observadoras de la realidad —lo que, acertadamente, les ha llevado a definirse como «periodistas de la vida»— es la que manda y adquiere todo el peso en el proceso creativo. Será solo después de haberla exprimido y una vez afilados los incisivos, cuando en su natural manera de abordar la vida, pongan todo su humor, espontaneidad, inteligencia, frescura y expresividad a la hora de plasmarla gráficamente.

Su vida nómada y su presencia en festivales y residencias de artistas de medio mundo, les ha permitido conocer y atesorar una infinidad de personajes y experiencias que son las que, junto a sus propias biografías y referencias, se traslucen en sus trabajos: los roles y comportamientos sociales, las tribus urbanas, los tipos y esterotipos de un ambiente cosmopolita que no les es ajeno pero al que miran con una gran carga de escepticismo, de ironía y, a menudo, con un punto de mala leche. Amantes declaradas del *nonsense*, su trabajo mantiene, como la vida misma, dos pies en la realidad y los otros dos en la ficción. Así, su manera de poner ante el espejo las miserias de la conducta humana pasa por tamizar la amargura y la tristeza con el poder del humor absurdo e inteligente; siguiendo la máxima de Oscar Wilde: «si tienes que decirles la verdad, hazles reír o te matarán».

Por su temática. Palabra clave:

COMPROMISO

Con esta actitud vital curiosa, enérgica, alegre y casi kamikaze que otros adultos van perdiendo con los años, Cachetejack aborda con total naturalidad y camuflado bajo ese velo naíf y colorido, incluso los temas más aciagos. Preocupadas por un mundo con el que no se identifican y conscientes del poder divulgativo y transformador de las imágenes, su producción artística ha ido convirtiéndose con el tiempo en el reflejo de su compromiso con diferentes causas y luchas so-

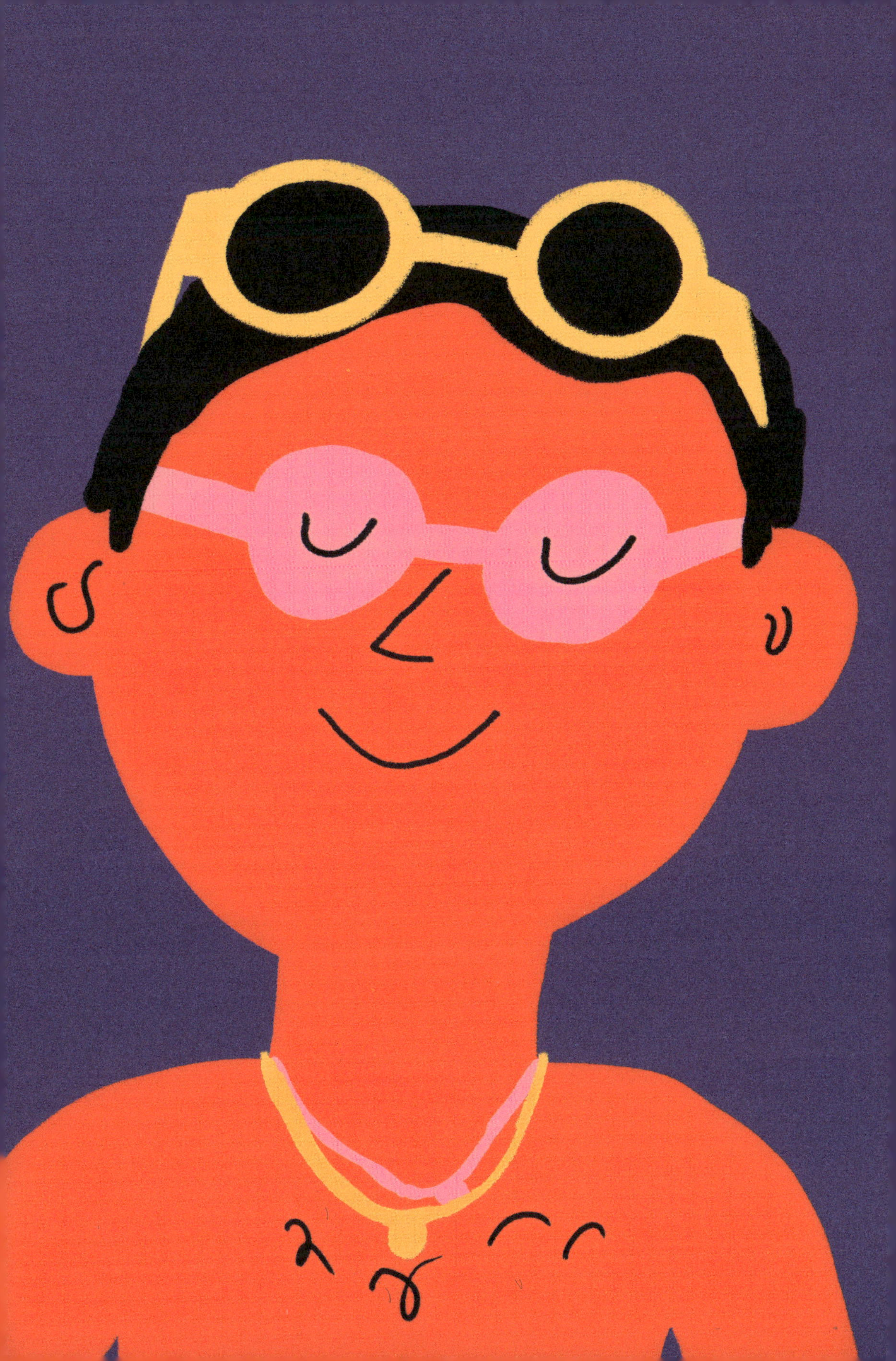

ciales como son el feminismo, el ecologismo o la defensa de la clase trabajadora, llegando incluso a significarse políticamente colaborando, a través de su trabajo, con diferentes partidos políticos afines a su manera de pensar.

Por su trayectoria. Palabra clave:

TRABAJO

A nadie extrañará ya a estas alturas, dada la singularidad de lo ya explicado, la rapidez vertiginosa y la imperturbable solidez que ha alcanzado su trabajo en estos primeros ocho años de trayectoria a fuerza de tesón, capacidad de trabajo e inteligencia. Una cierta adicción al trabajo que les llevó, en sus inicios, a llenar las calles de València con sus pegatinas y murales, que les permitió enviar en dos semanas más de 6.000 correos electrónicos con su porfolio o que les empujó —sin ningún sentido de la vergüenza— a colgar un par de videocurrículums con *cancioncilla* incluida glosando la calidad de sus servicios. Muy pronto llegaron los reconocimientos: el Premio Nacional de Ilustración Valencia Crea 2012 y 2015 y el Premio Creación Injuve 2012. Después vendrían los clientes más importantes como *The New York Times, The New Yorker, Elle Magazine, Hermès, Oxford University Press*, o *Netflix* entre muchos otros; su presencia en festivales y ferias como el *Brooklyn Comic Fest, Elcaf, Central Vapeur, Gutterfest, Tenderete* o las becas de residencias artísticas en Italia, Austria o Suiza; su aparición en importantes publicaciones de ilustración como *Varoom, Illustration Now 5* o *Behind illustrations 2* y su participación en más de cuarenta exposiciones —de las cuales, más de diez individuales— en lugares como Oporto, París, Estrasburgo, Berlín, Linz, Nueva York, Beijing, Seúl...

Así es como, atendiendo a seis aspectos distintos, he tratado de definir el *cachetismo* en seis palabras: amor, libertad, comunicación, humor, compromiso y trabajo. Estas son las que me vienen a la mente pero será mejor que cada cual trate de definirlo a su manera, si es que tal cosa hiciera falta. Lo que sin duda era ya necesario, un acto de justicia y reconocimiento, y un regalo para sus legiones de incondicionales, es que las Cachetejack tuvieran, al fin, su más que merecida tapa dura.

Manuel Garrido Barberá (València, marzo de 2019)

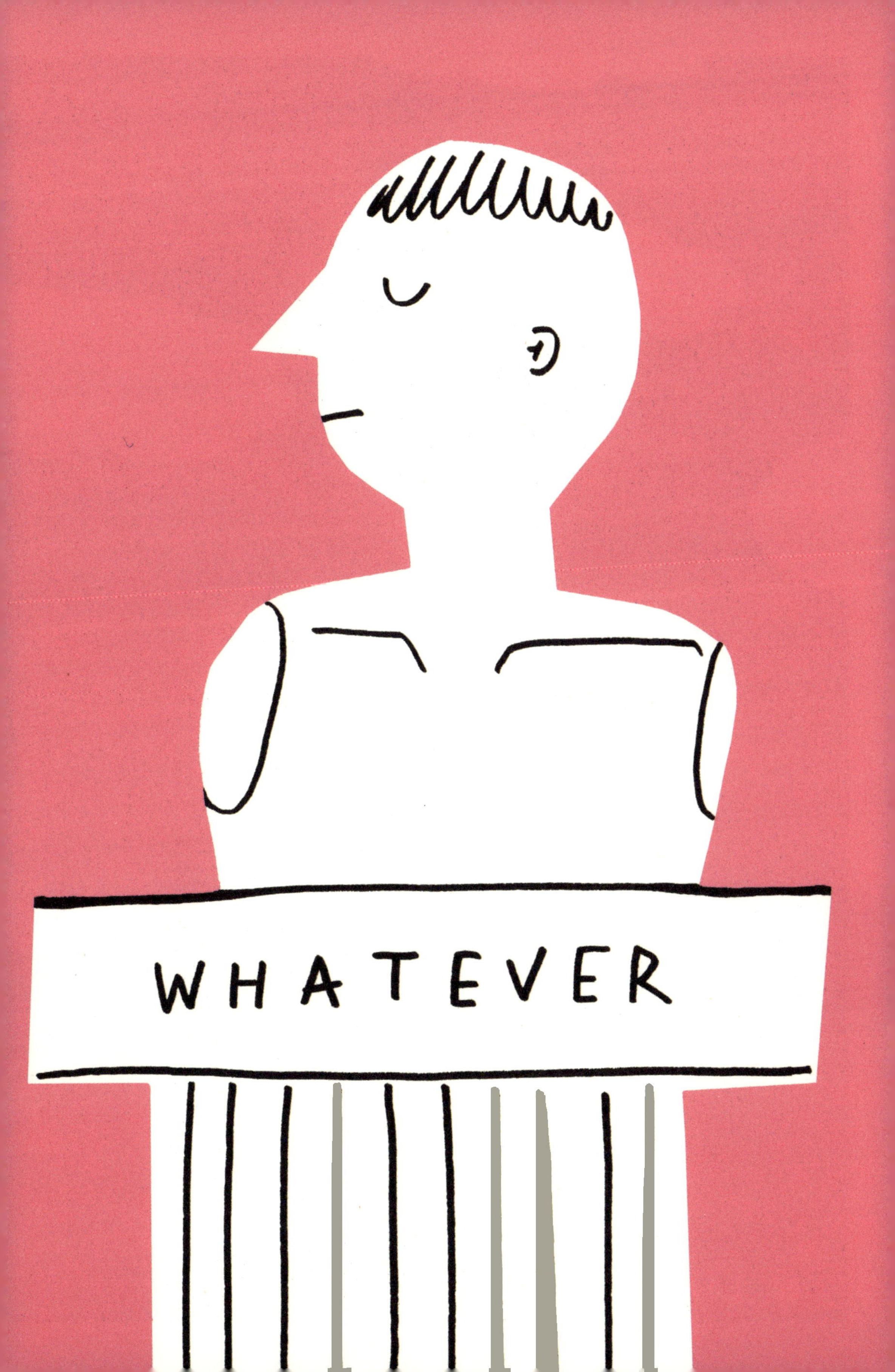
WHATEVER

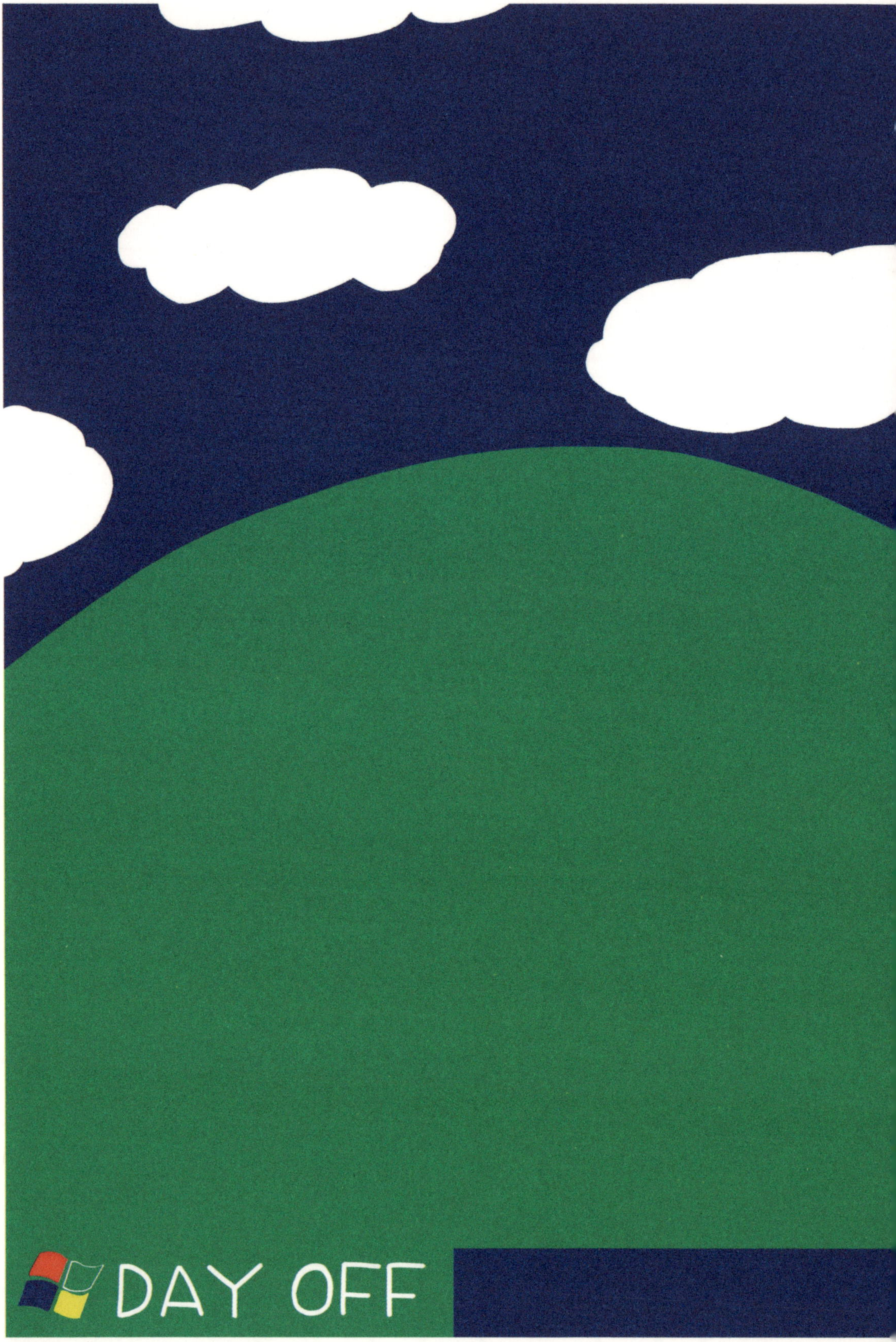
DAY OFF

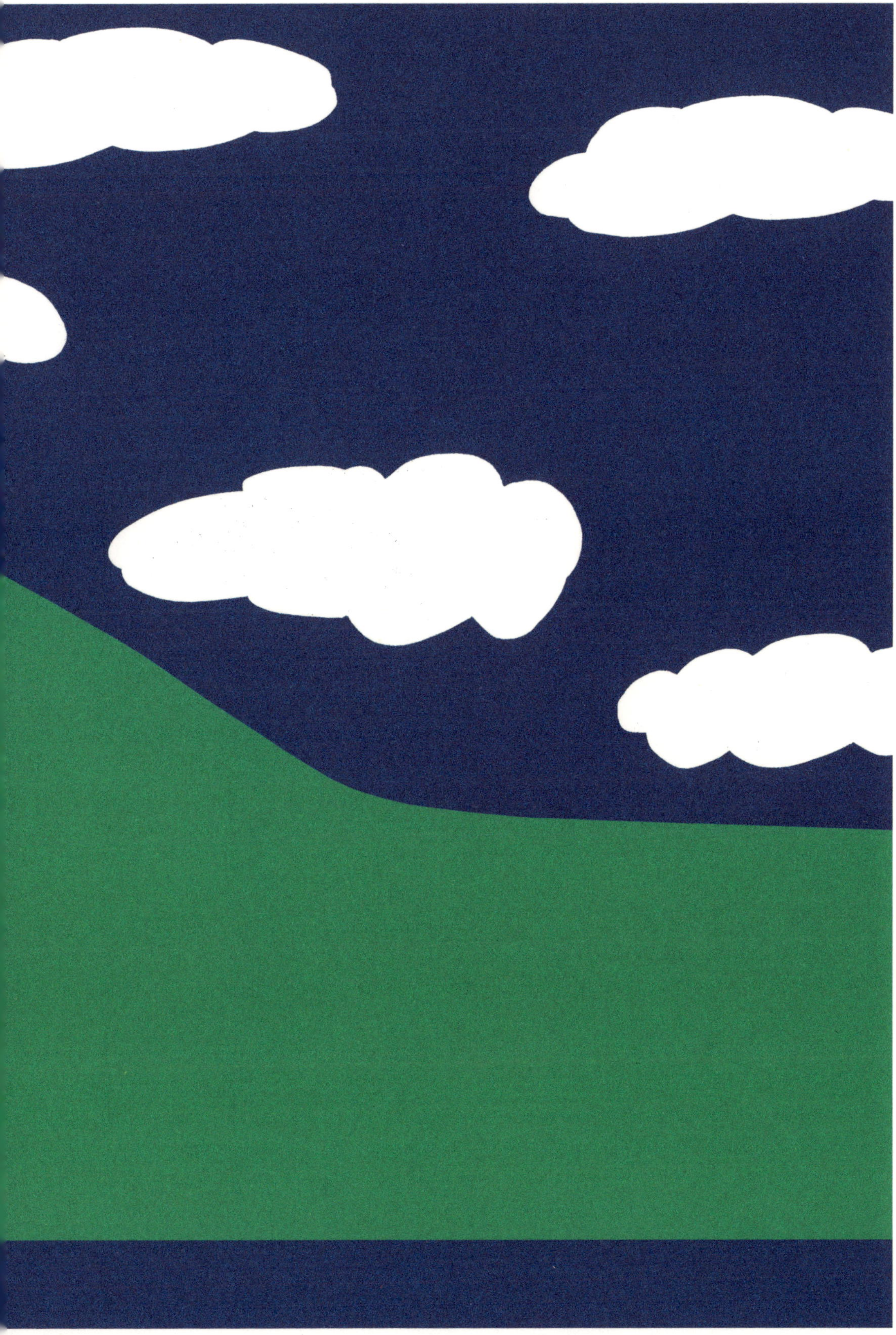

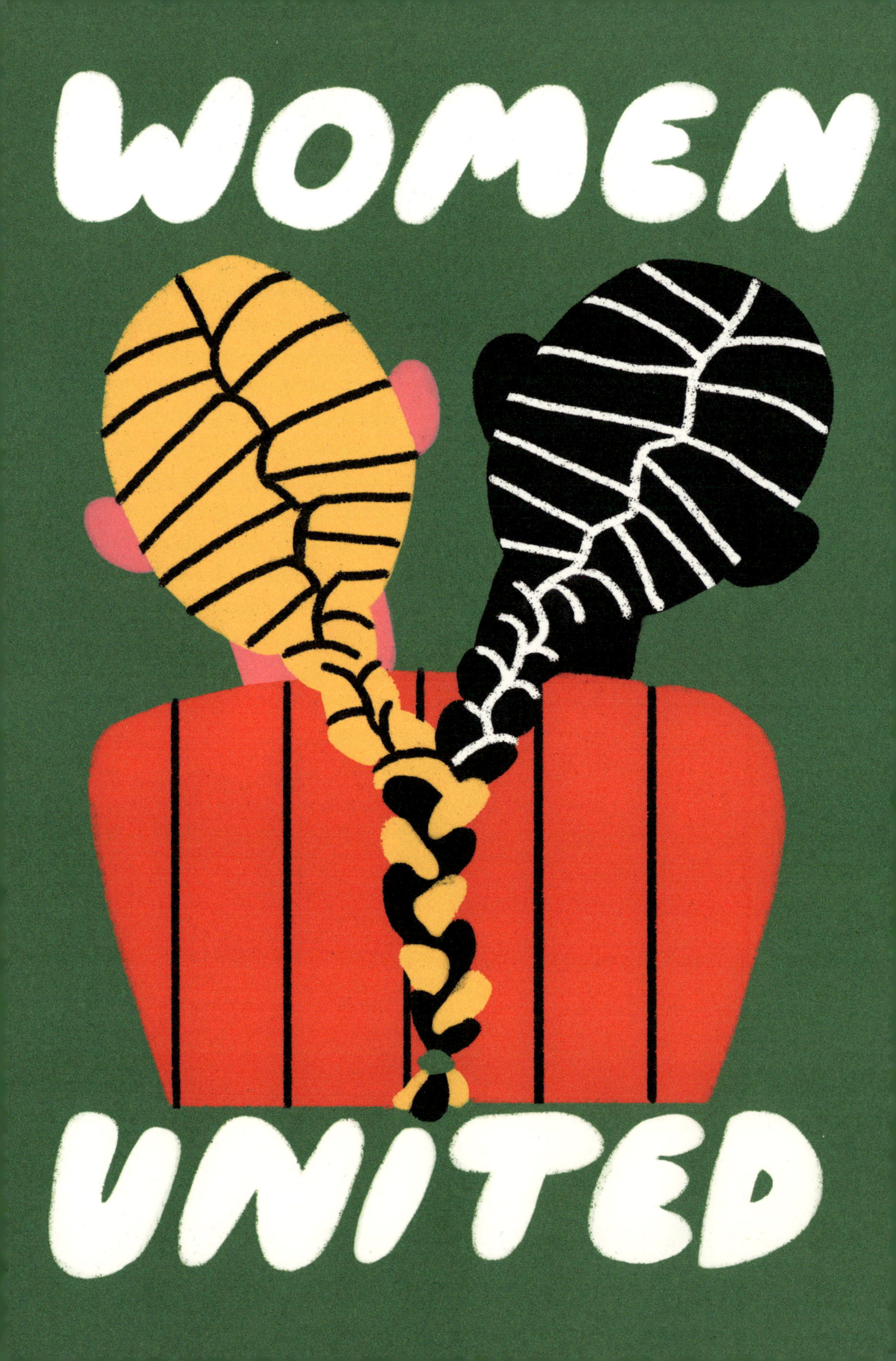
WOMEN
UNITED

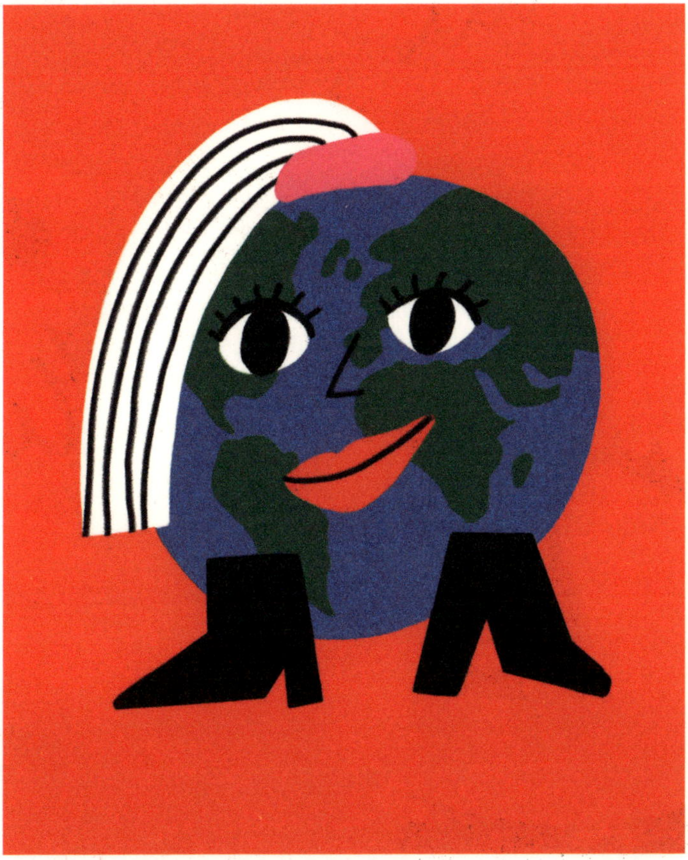

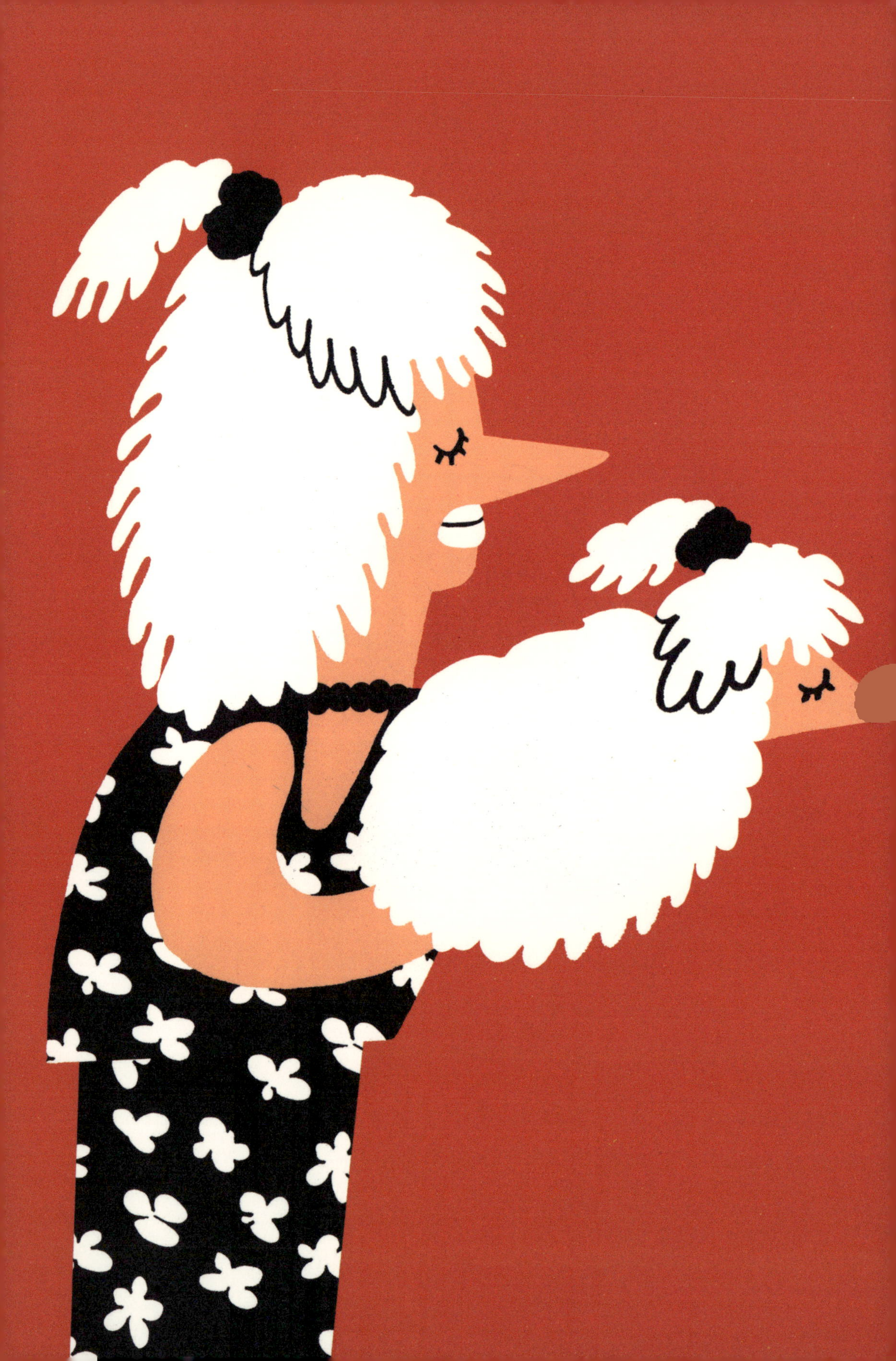

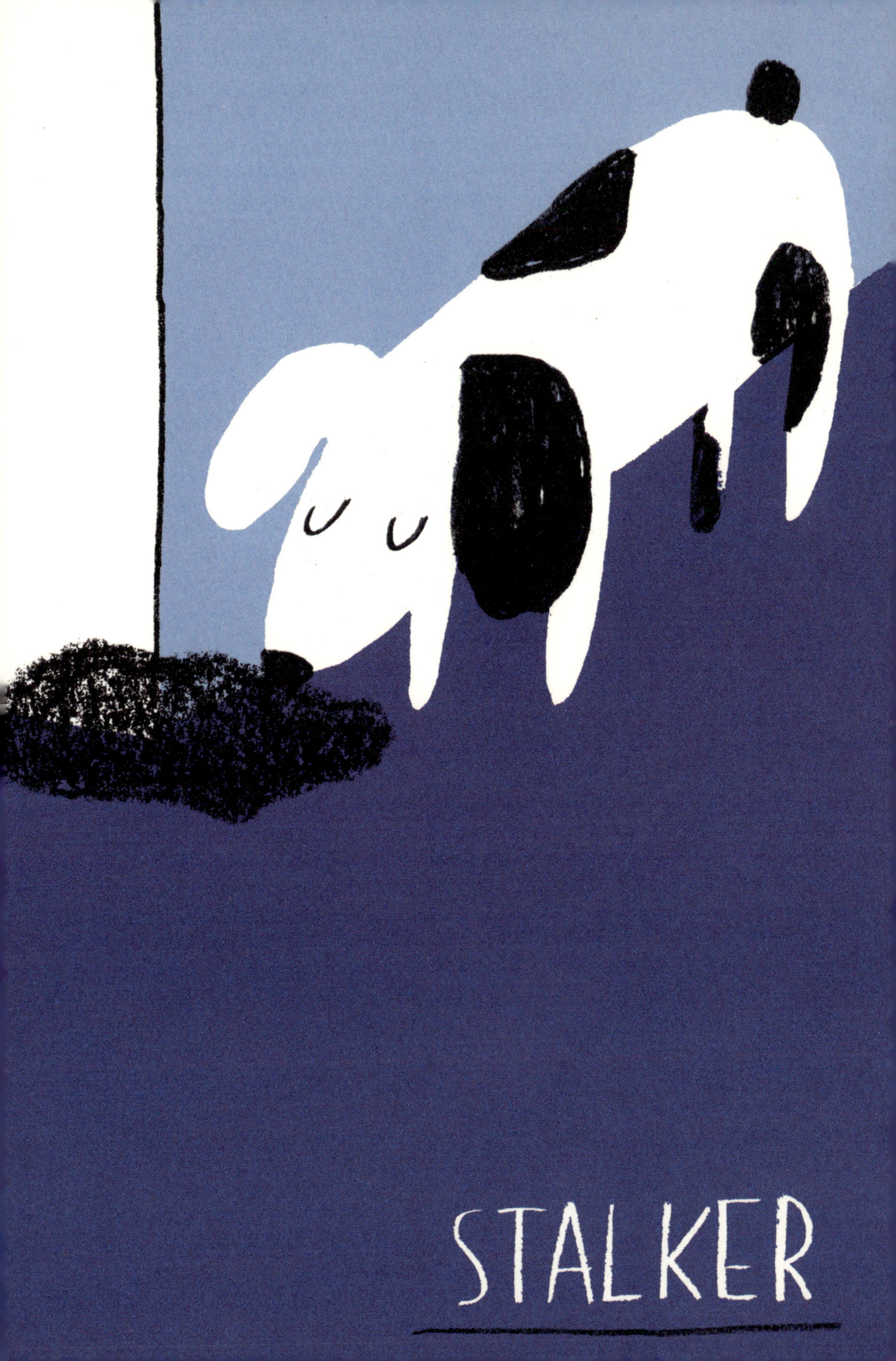
STALKER

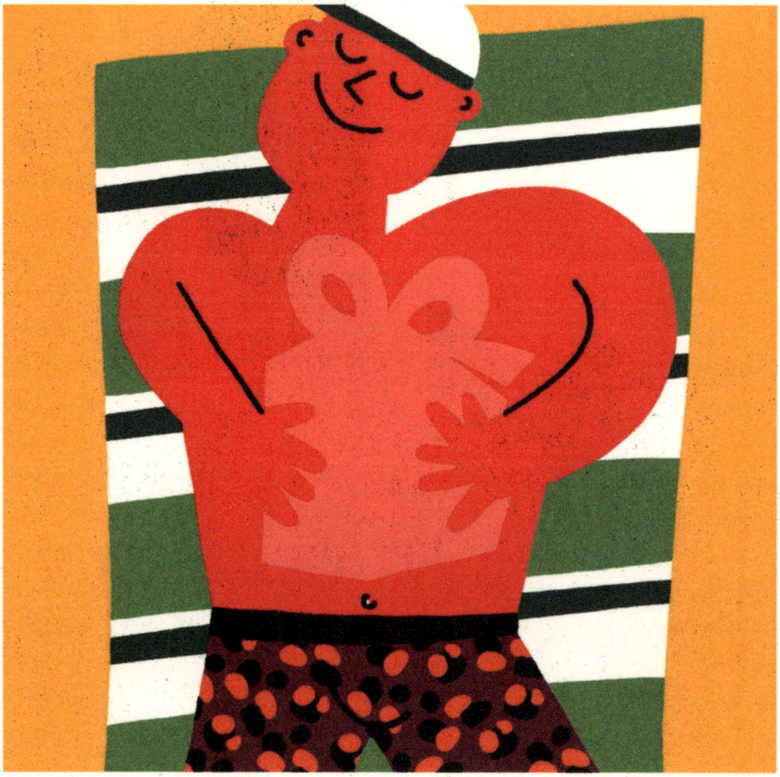

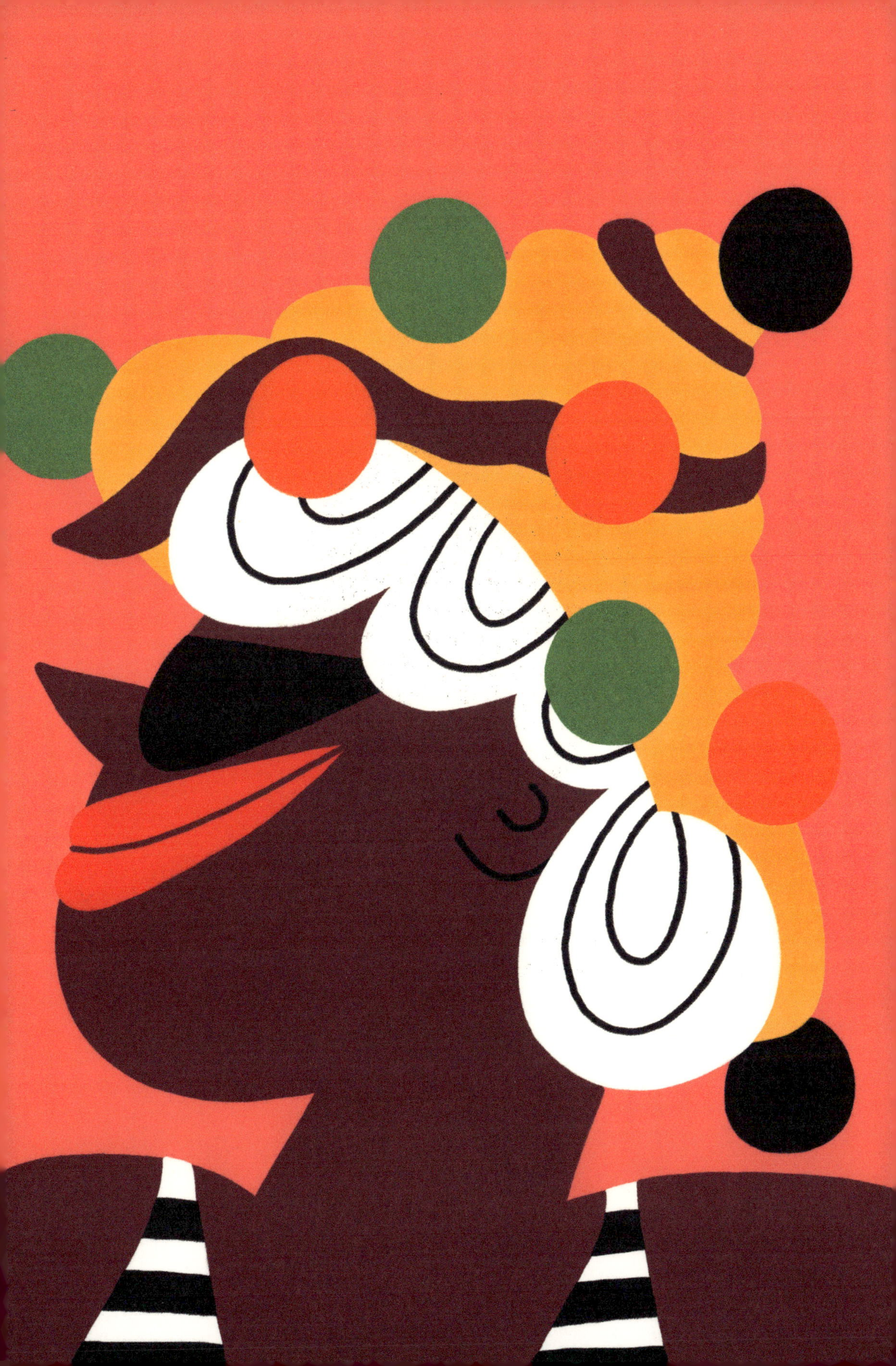

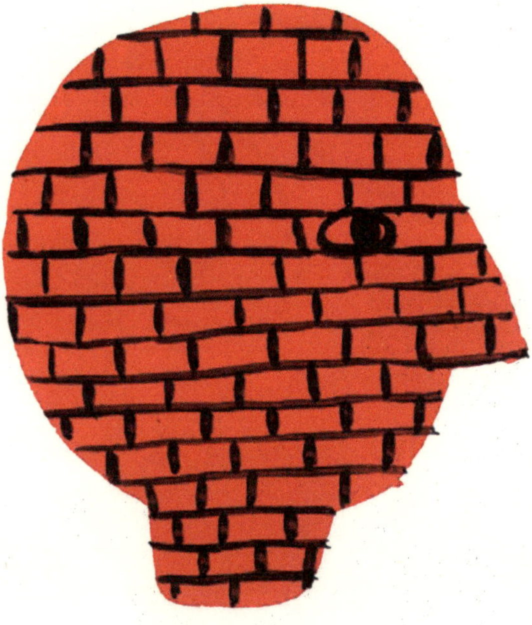

BLOQUEO MENTAL

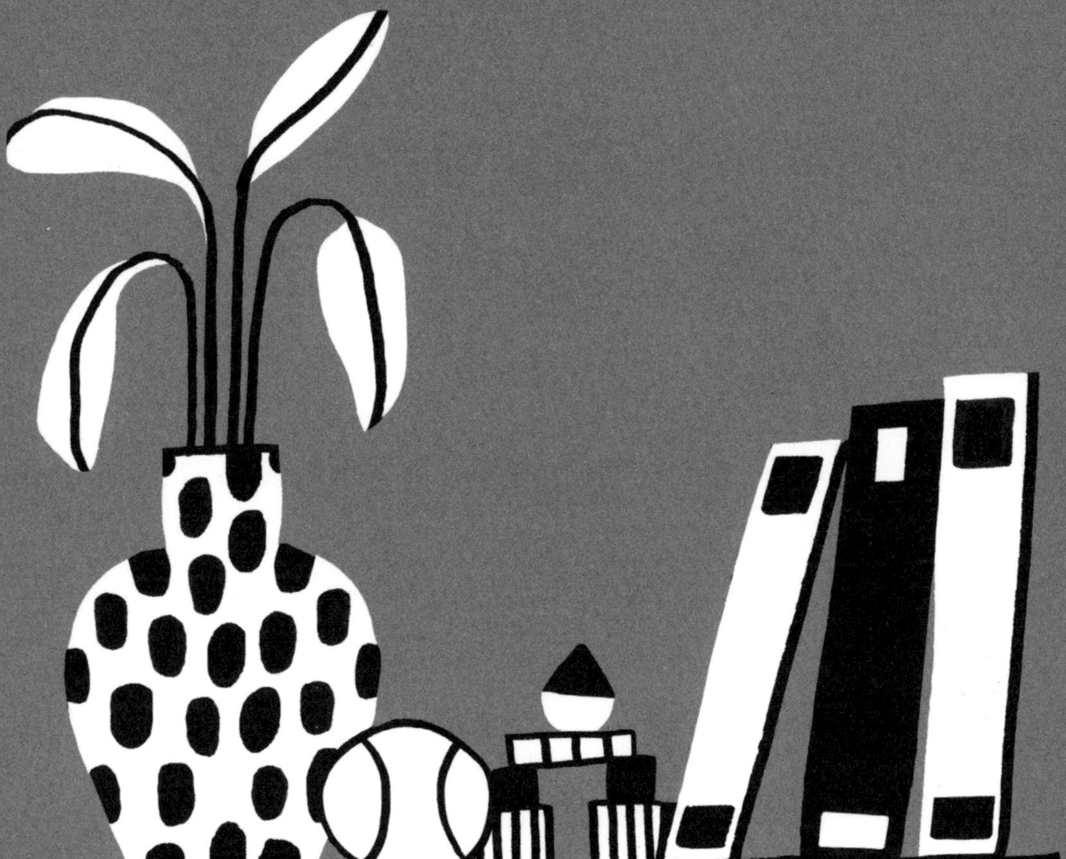

MYSELF

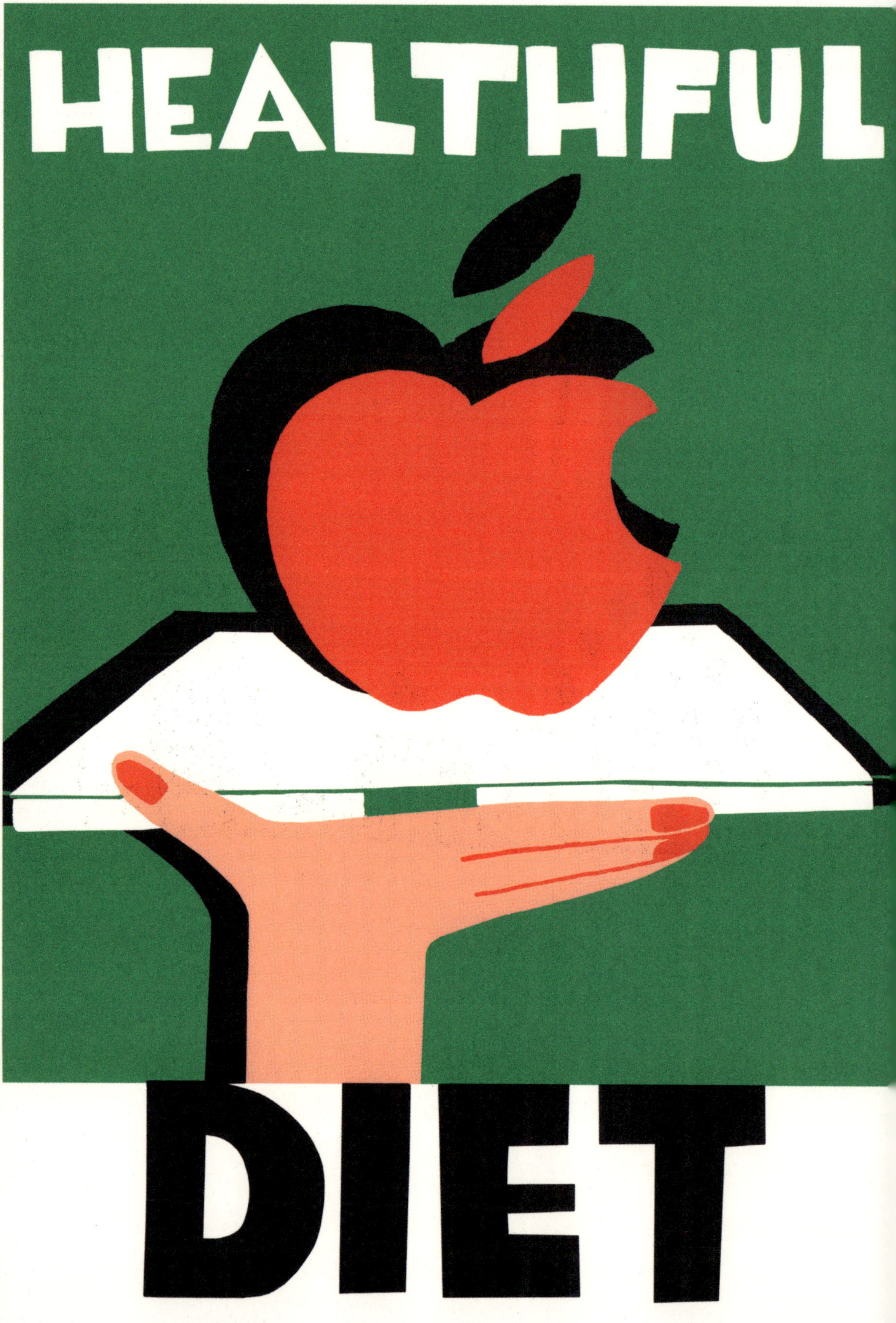
HEALTHFUL
DIET

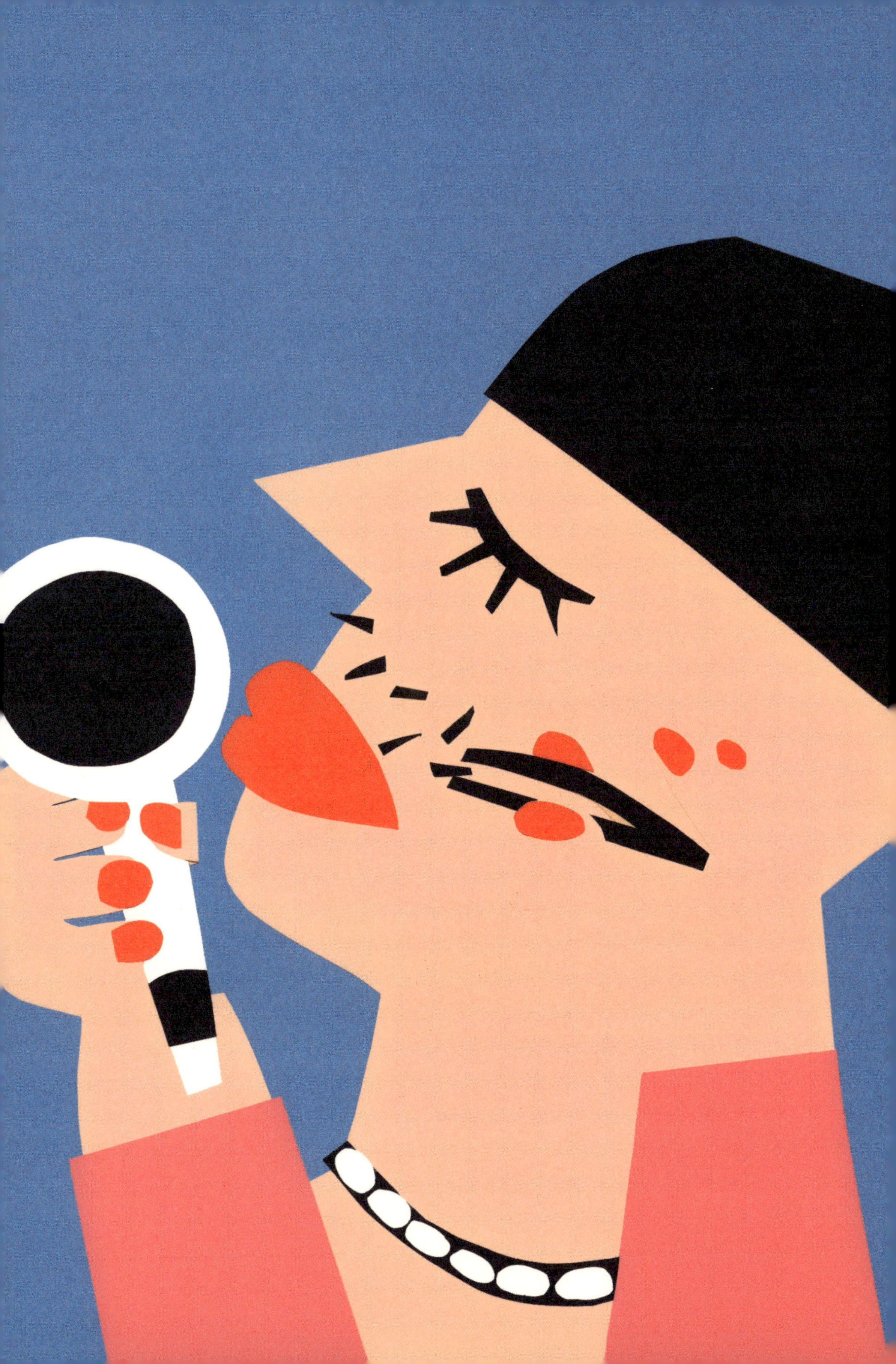

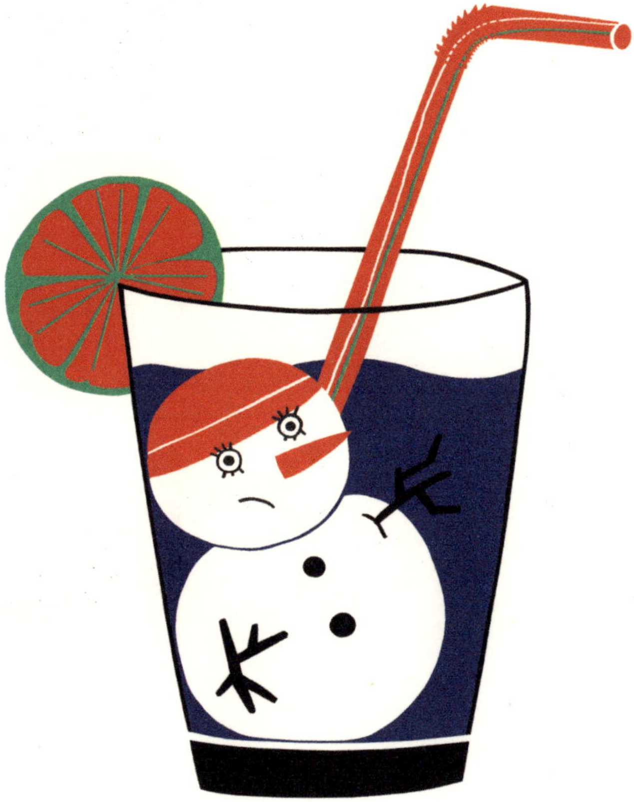

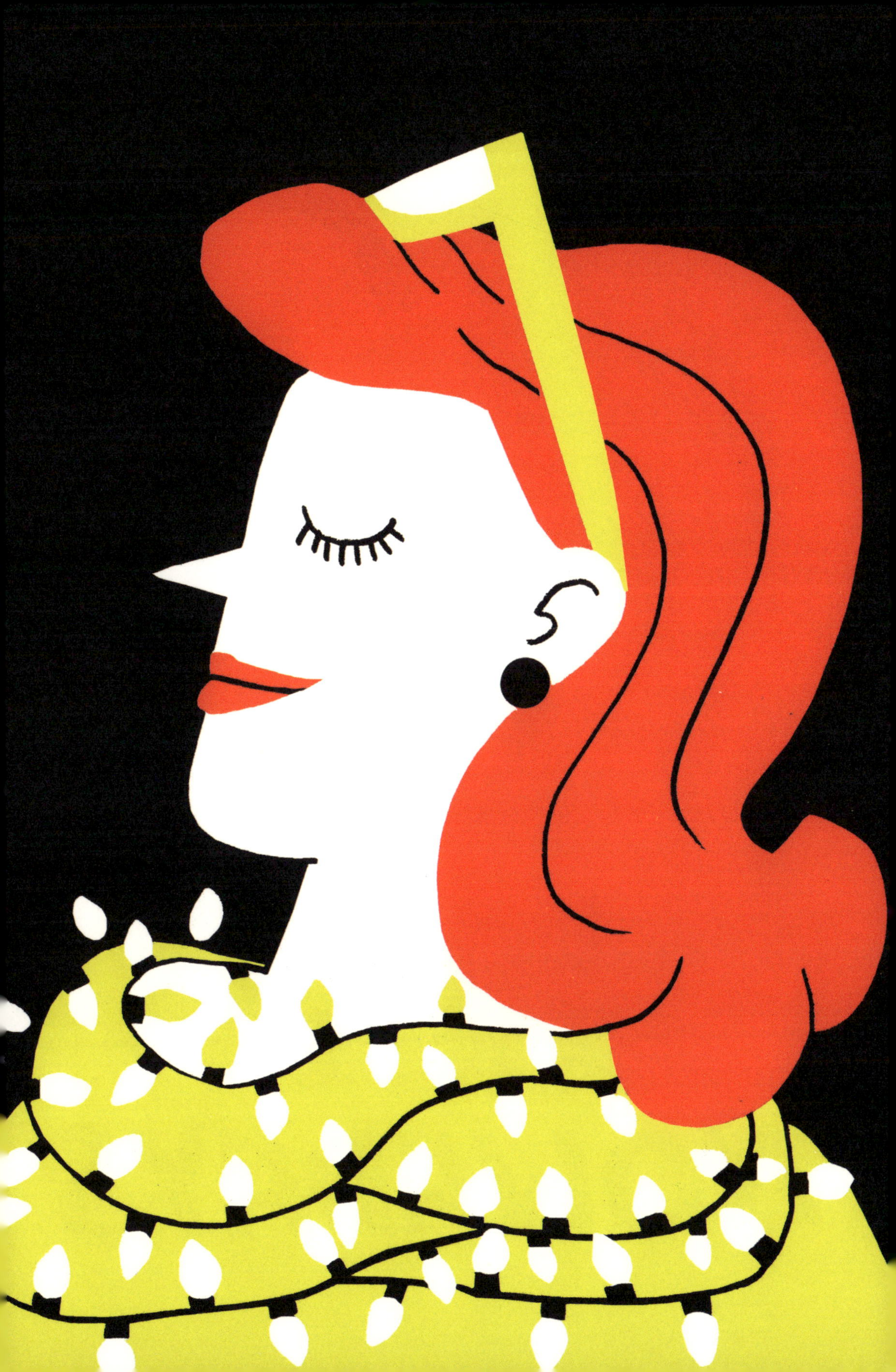

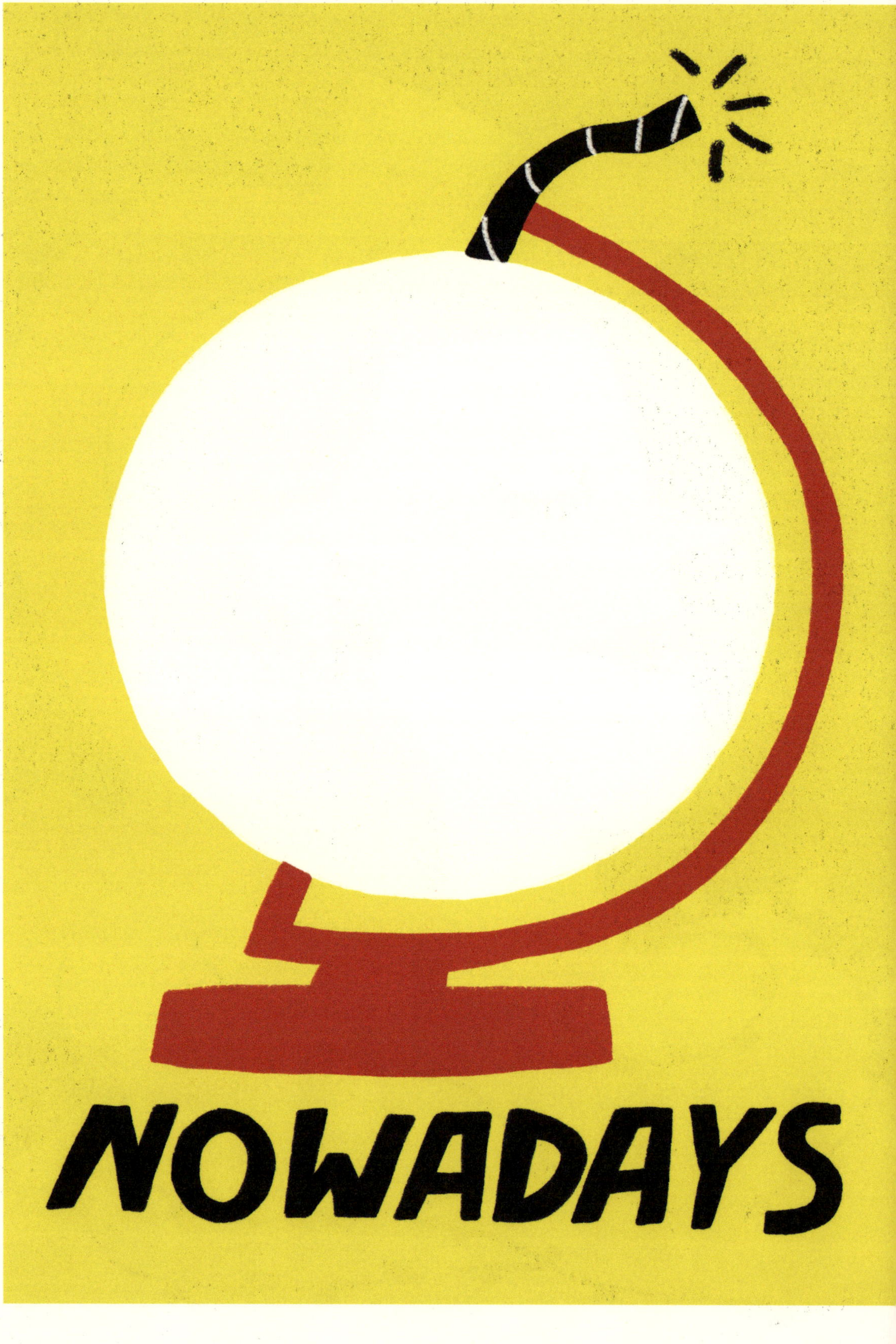
NOWADAYS

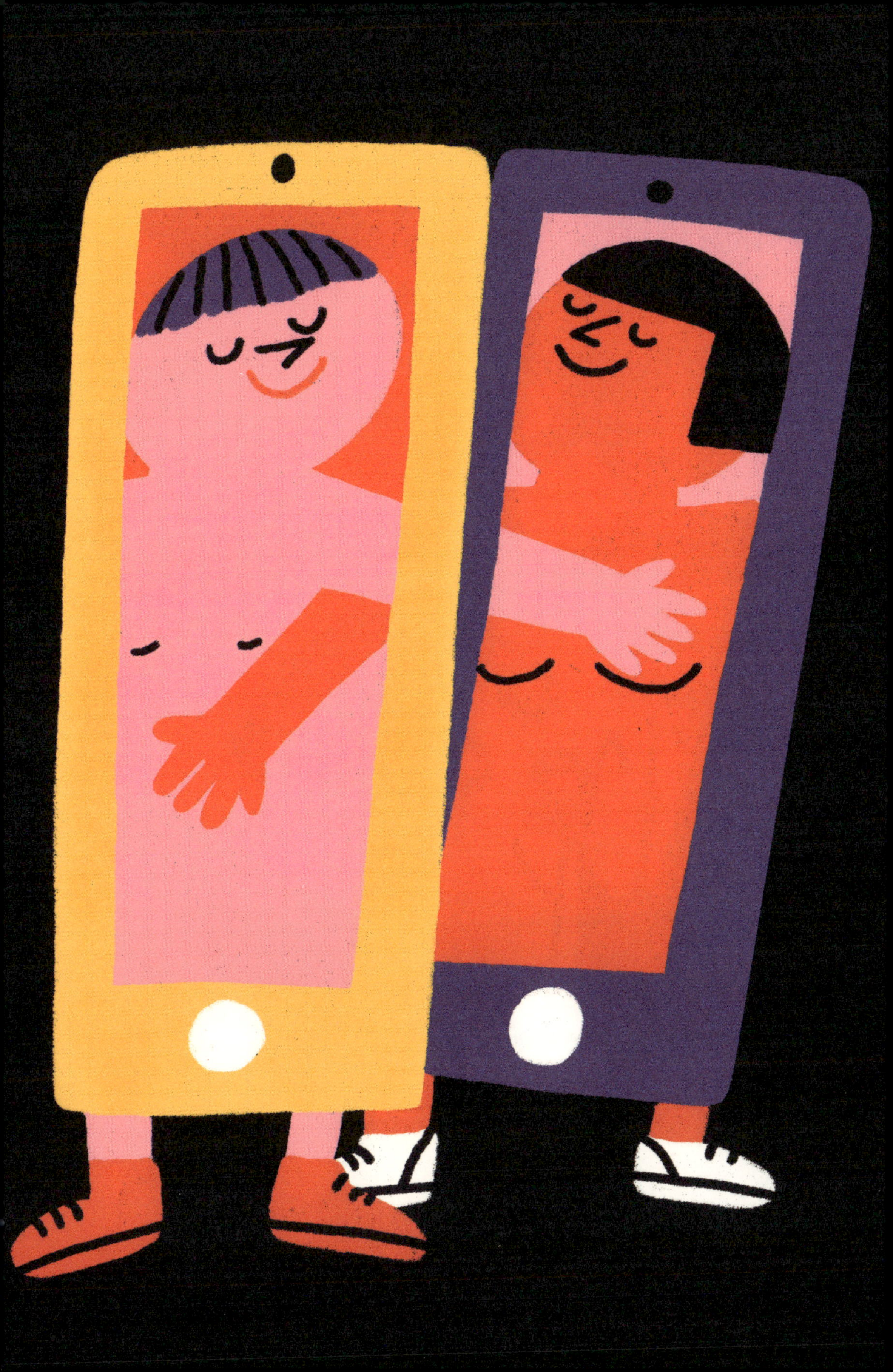

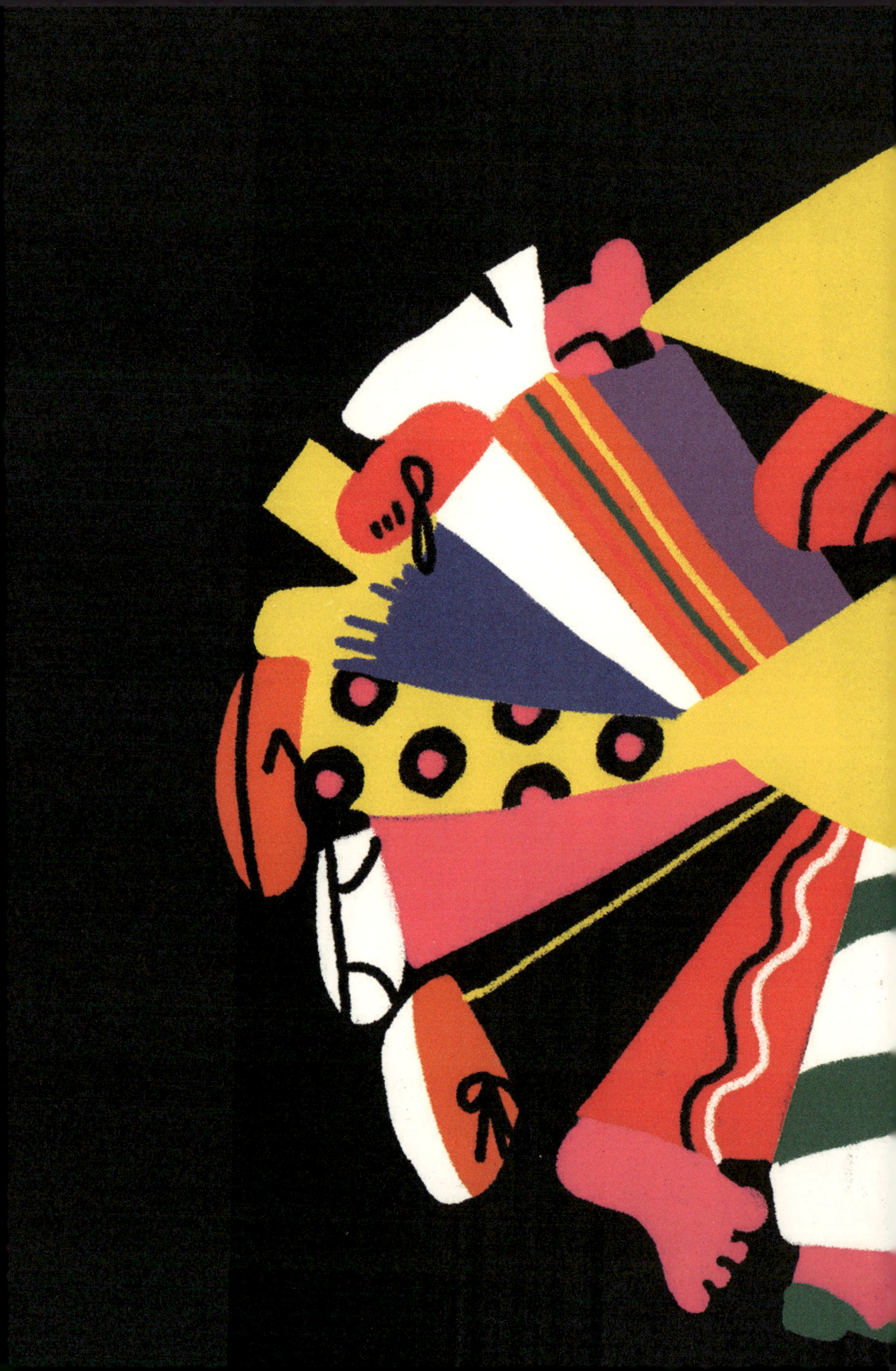

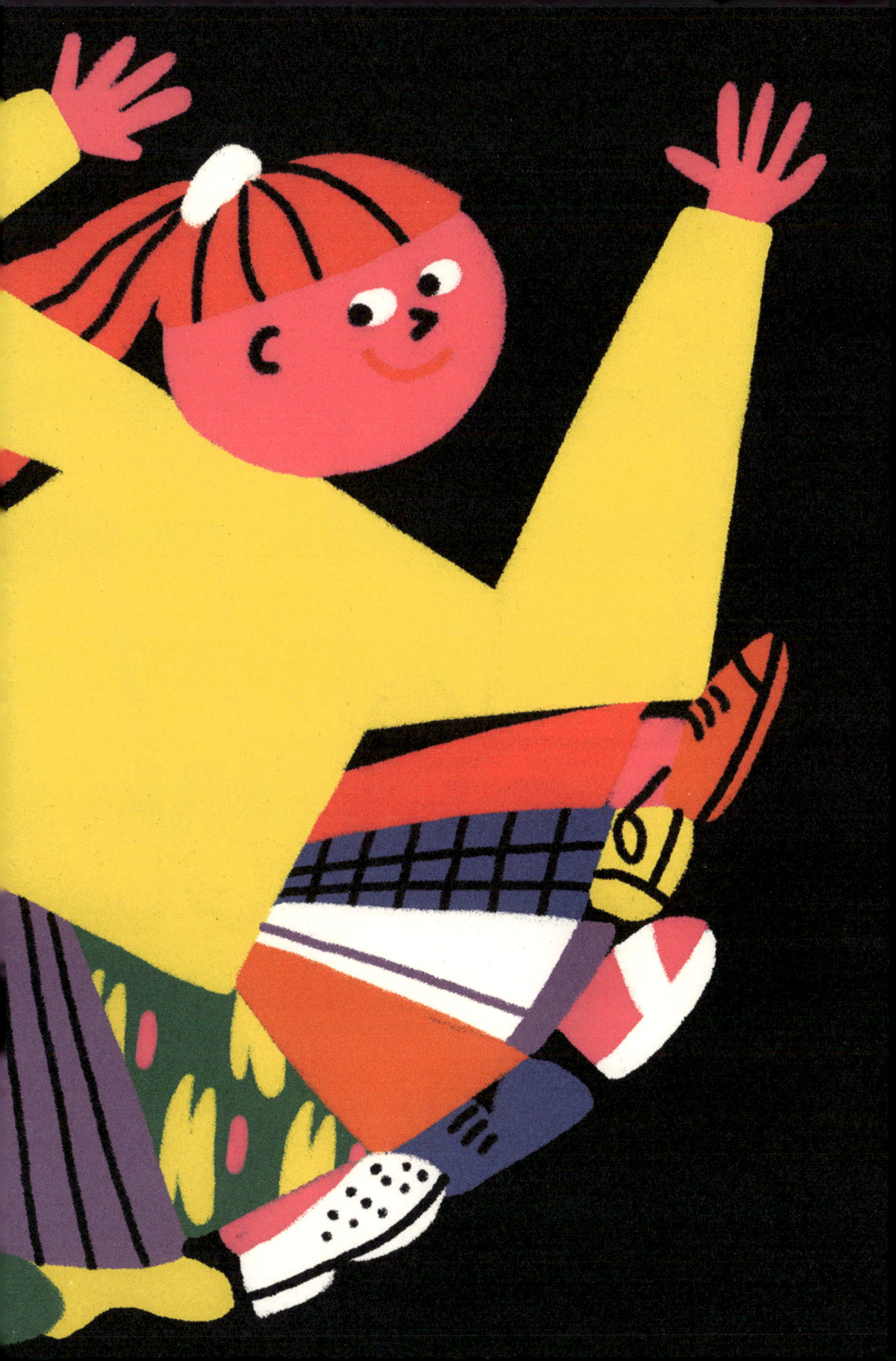

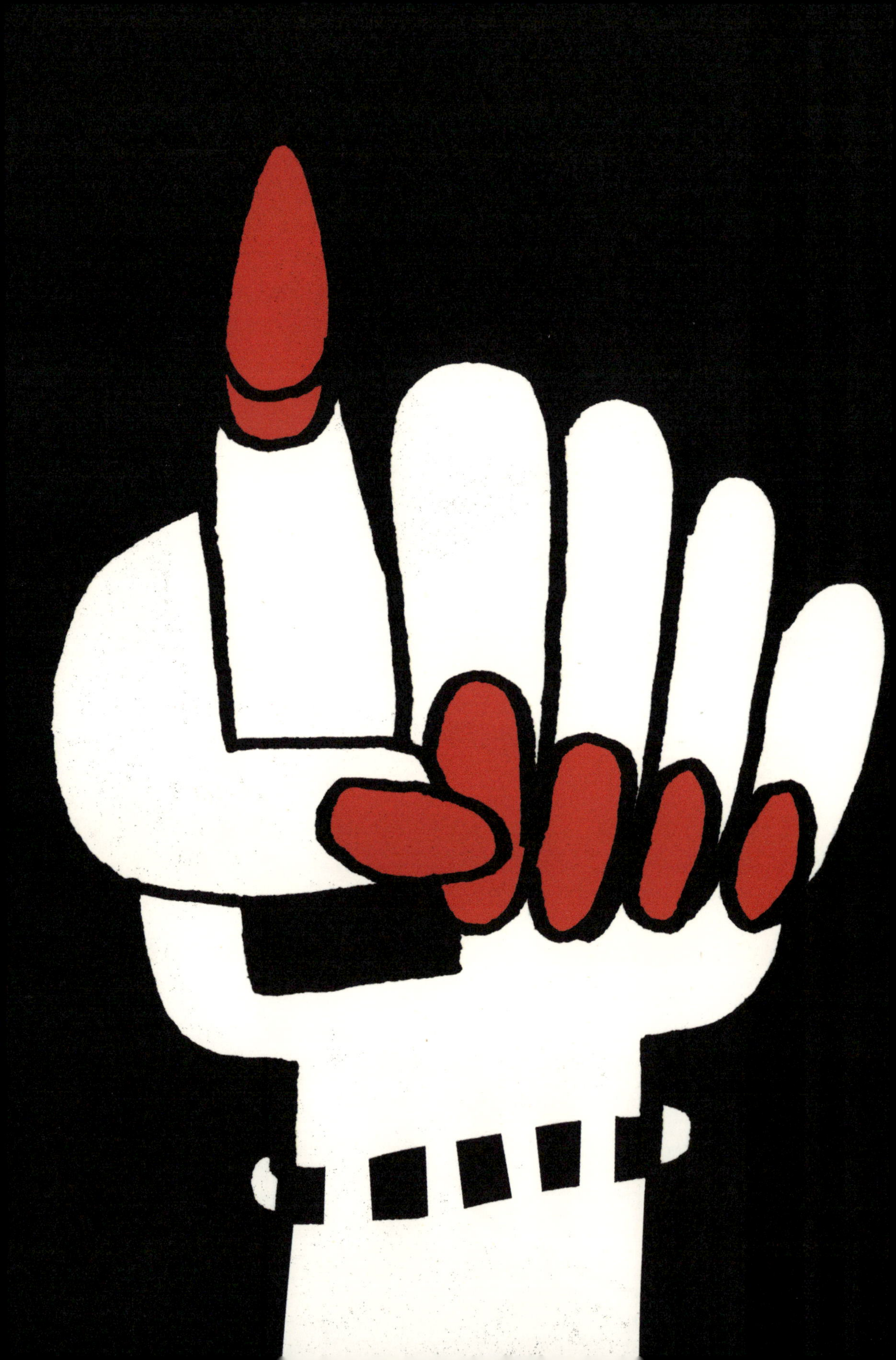

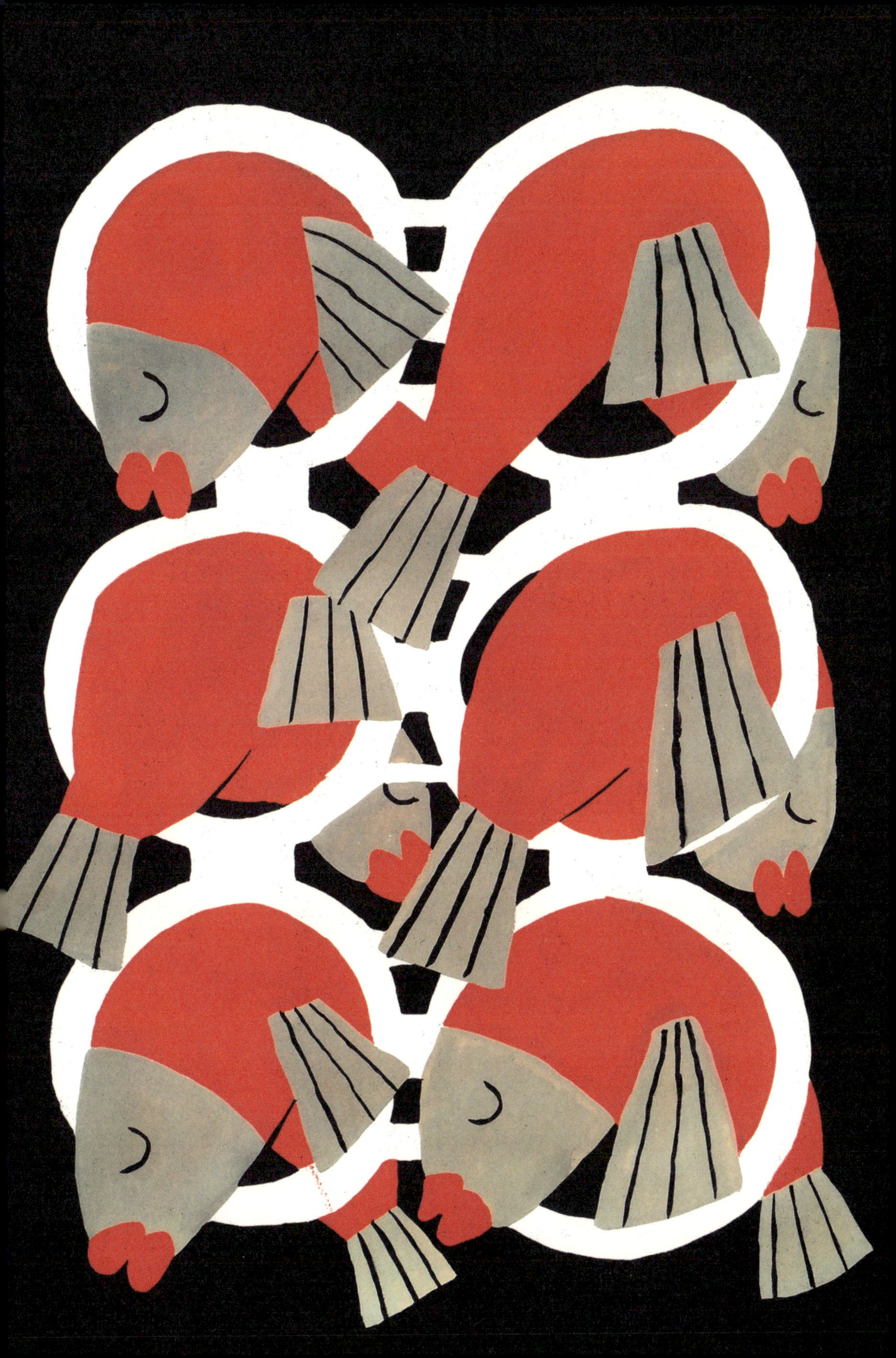

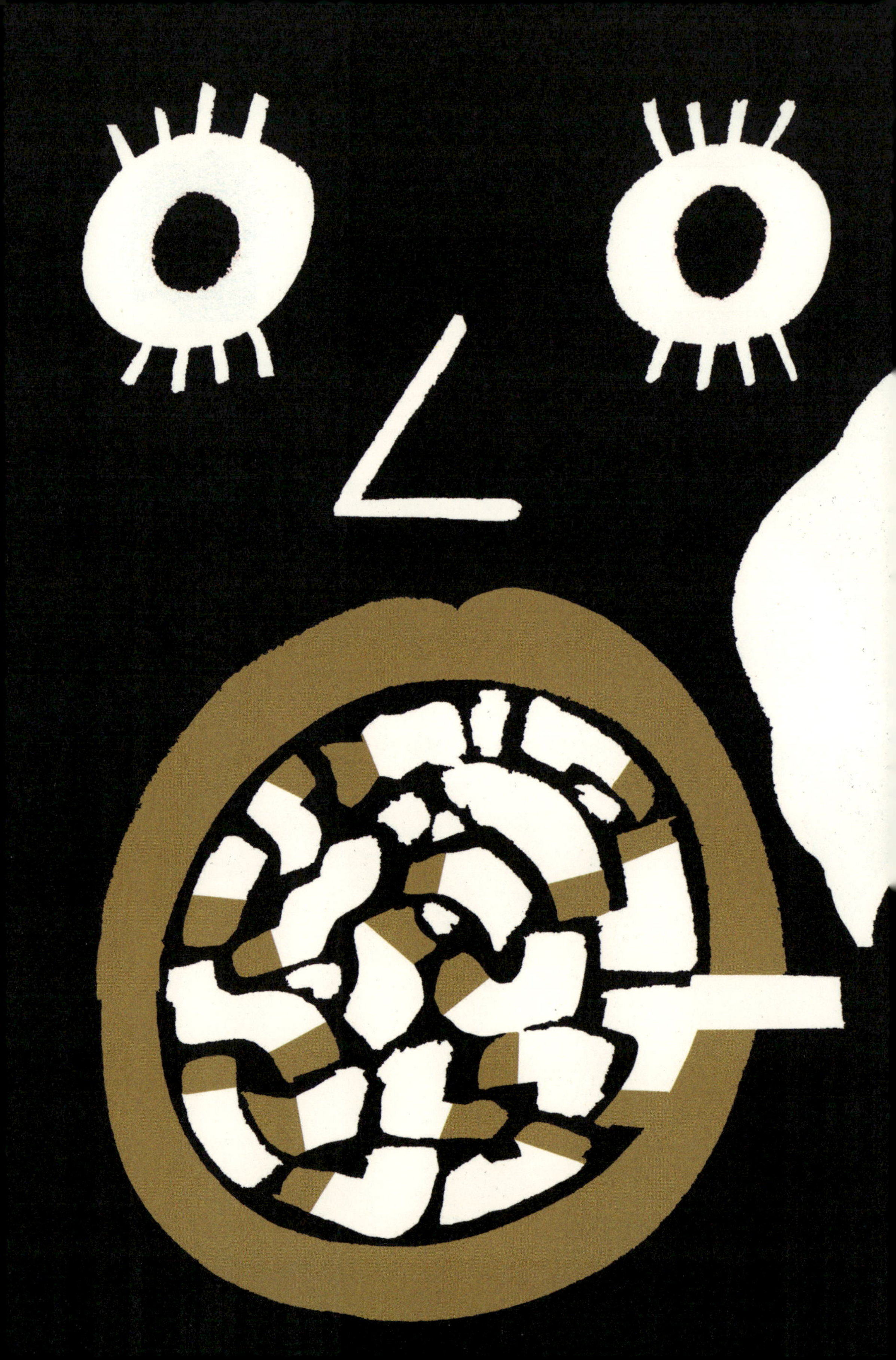

FACE, EARS, NOSE,
EYES, HEAD, MOUTH

THIS IS A PORTRAIT.
A CONCEPTUAL ONE

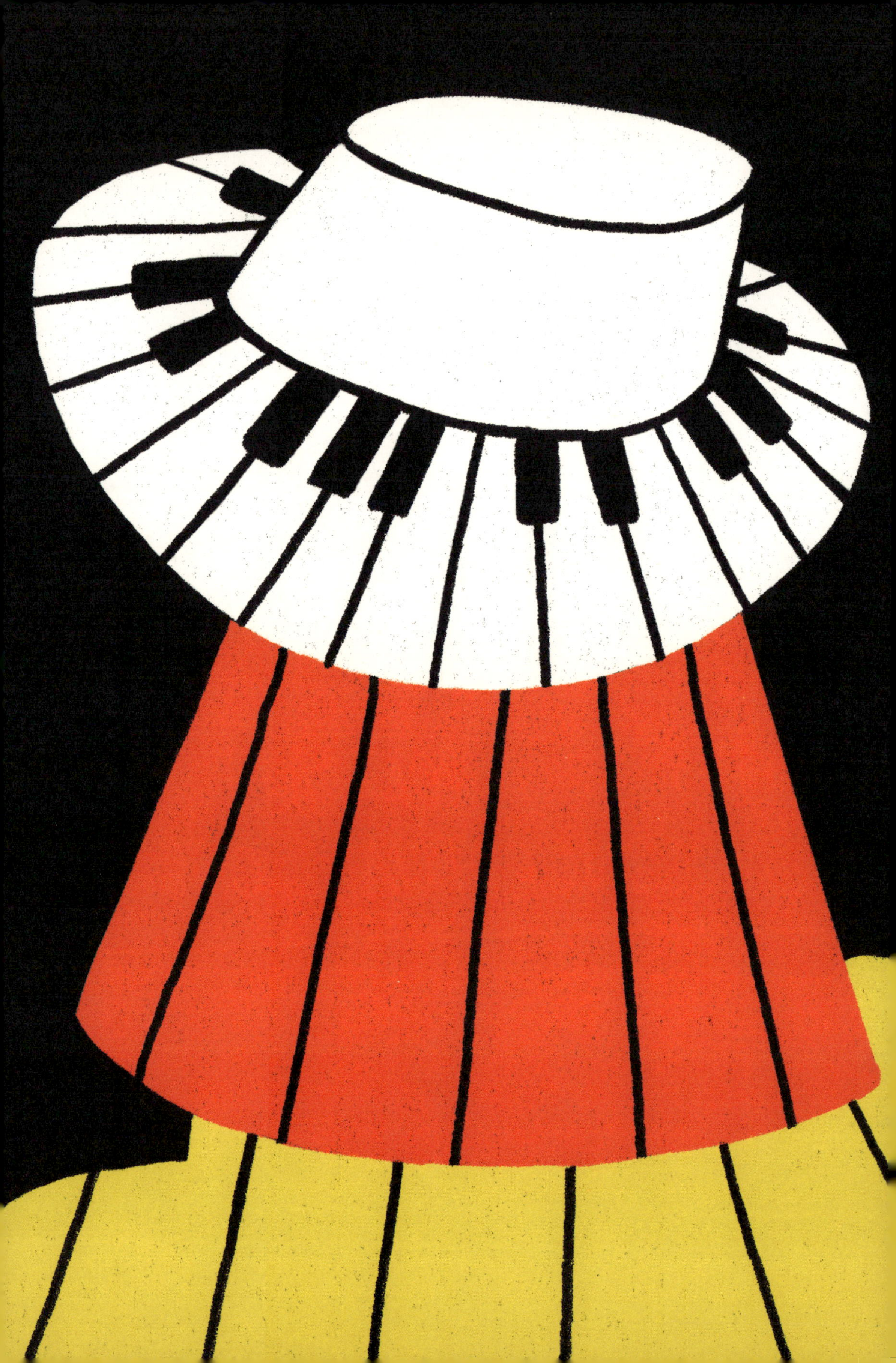

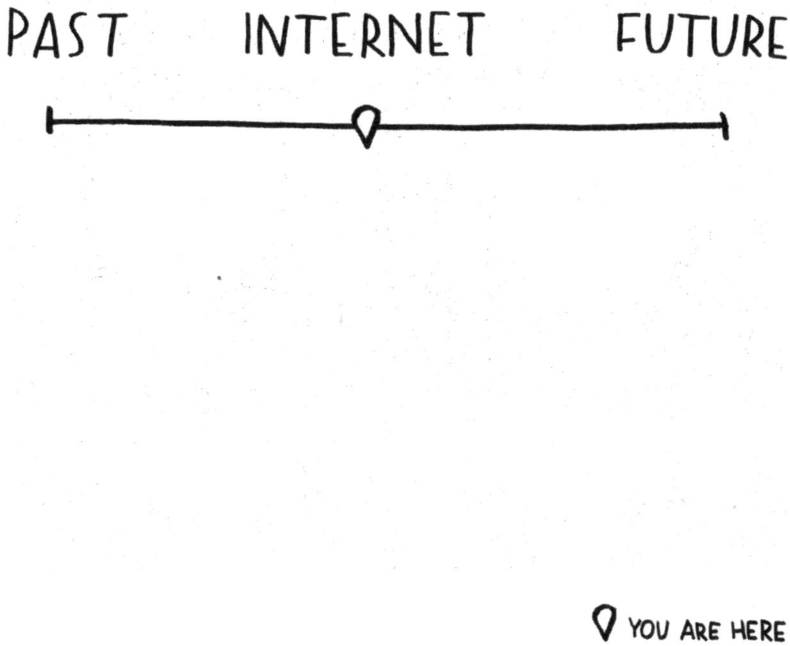
PAST
INTERNET
FUTURE
YOU ARE HERE

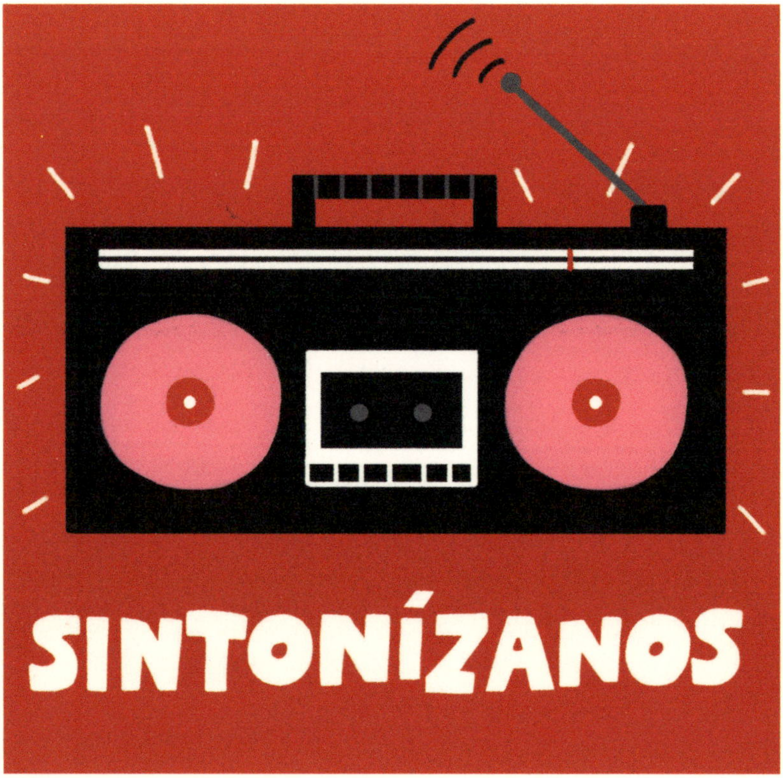
SINTONÍZANOS

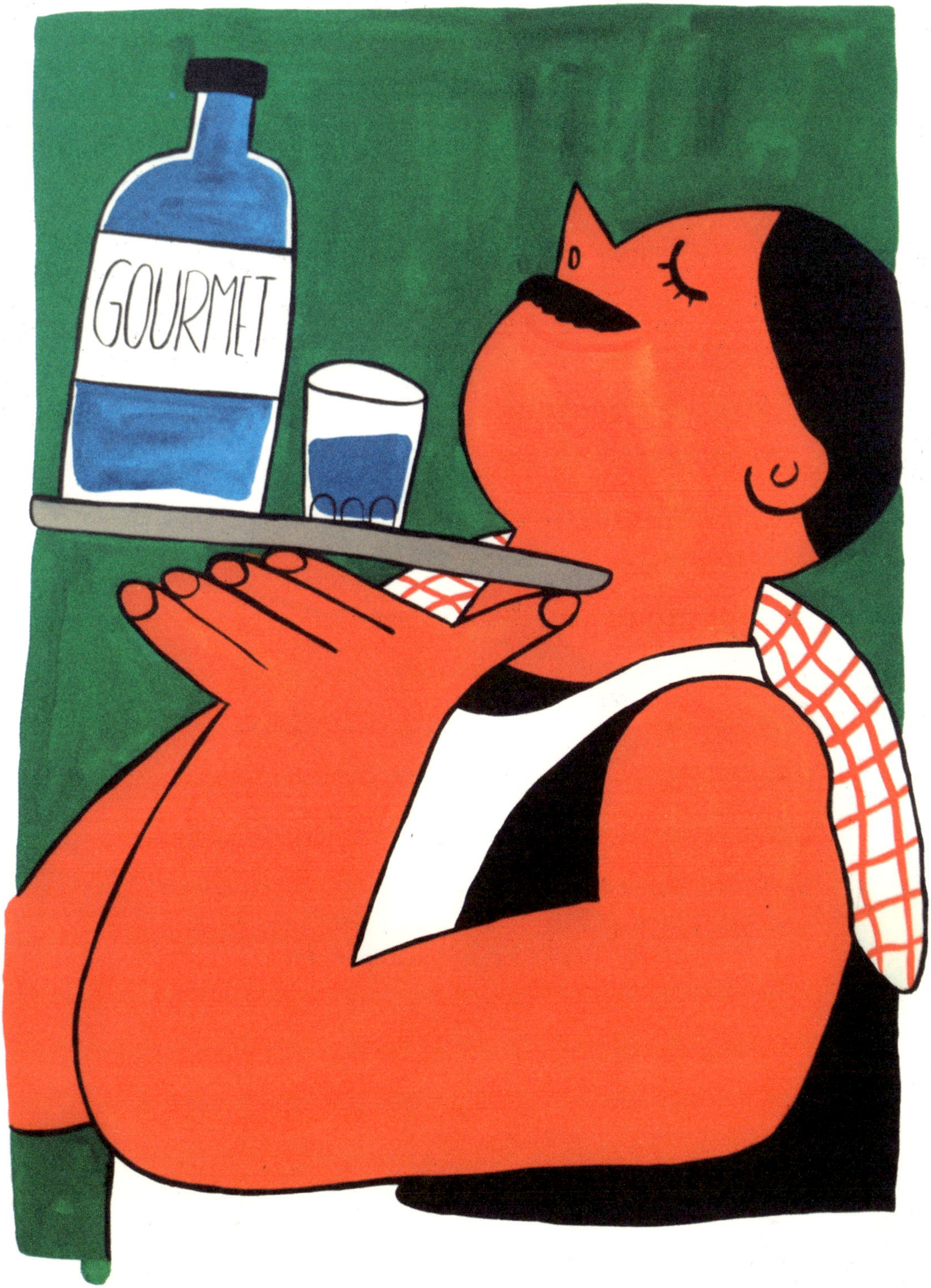
GOURMET

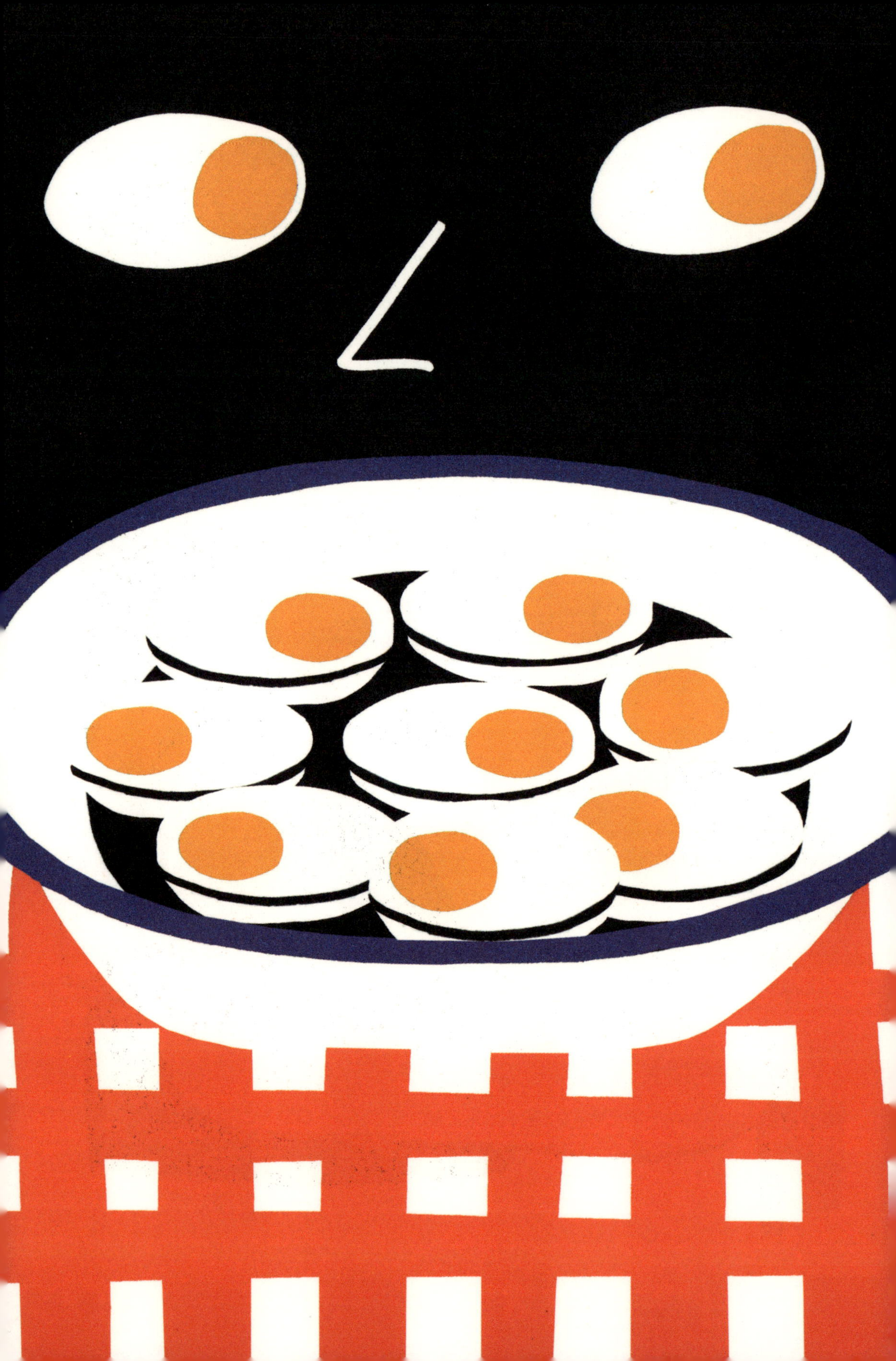

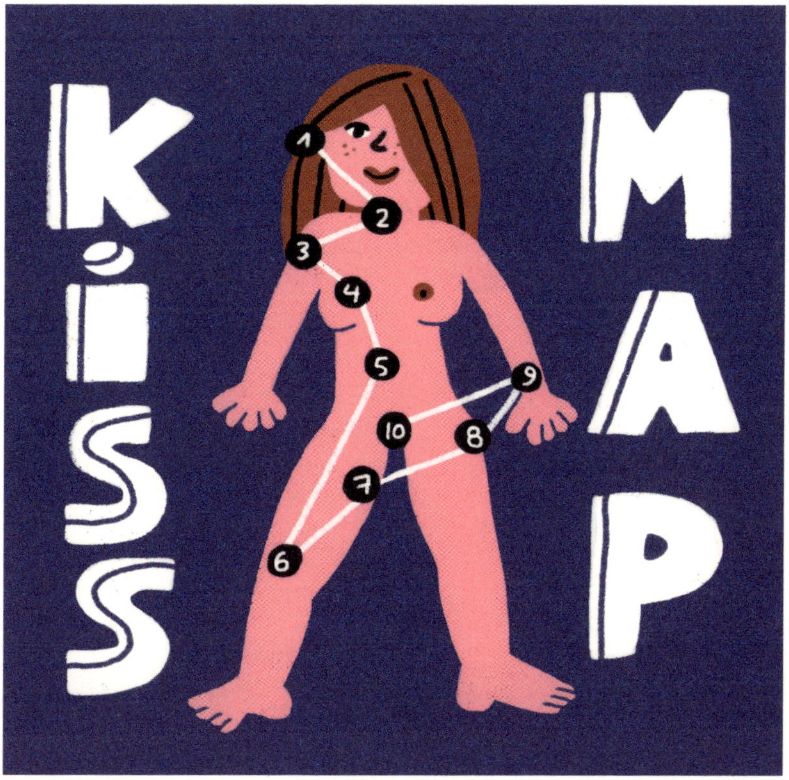
KISS
MAP
1
2
3
4
5
6
7
8
9
10

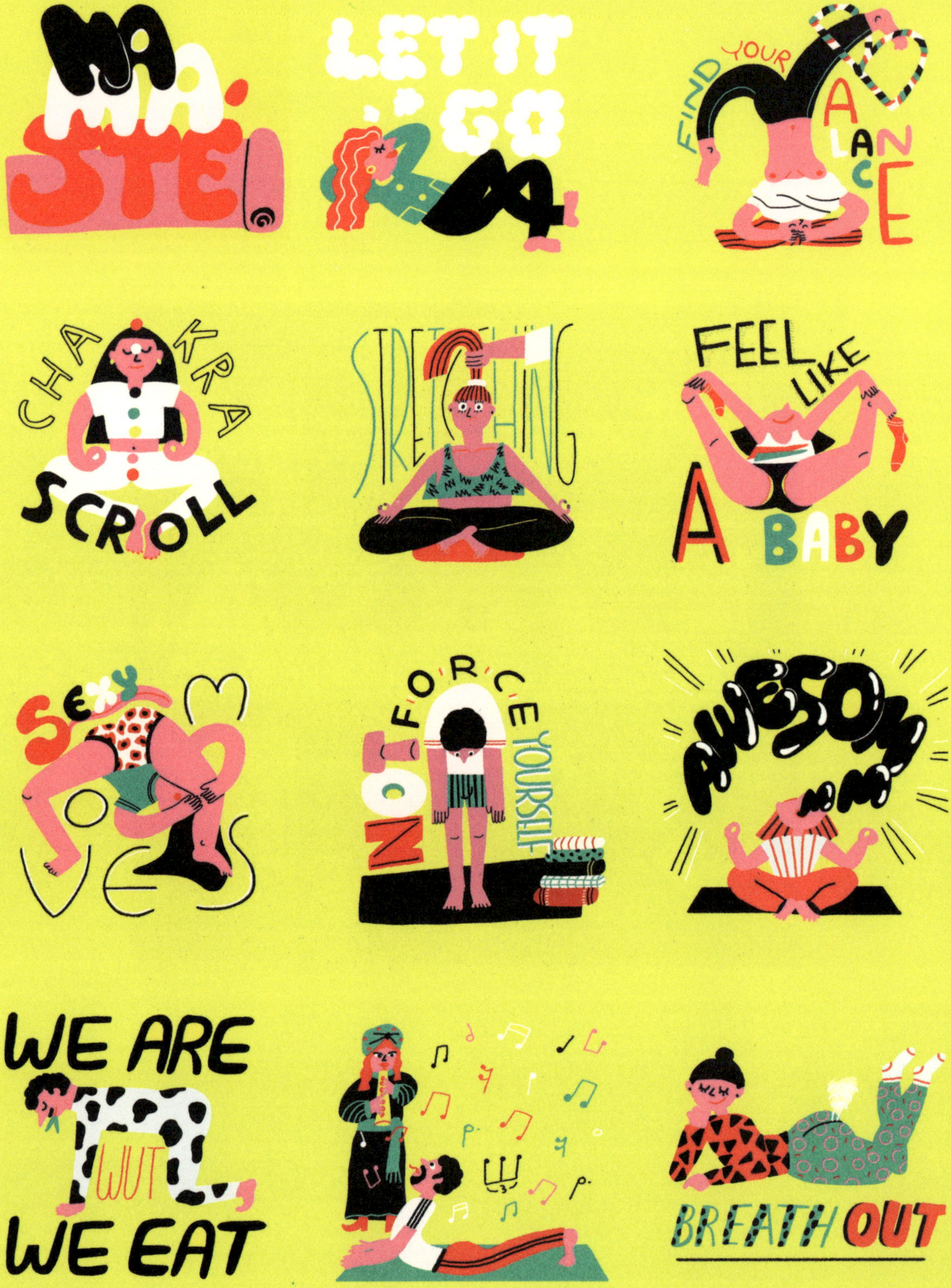
NAMASTE
LET IT GO
FIND YOUR BALANCE
CHAKRA
SCROLL
STRETCHING
FEEL LIKE A BABY
SEXY MOVES
FORCE YOURSELF
AWESOME
WE ARE
WUT
WE EAT
BREATH OUT

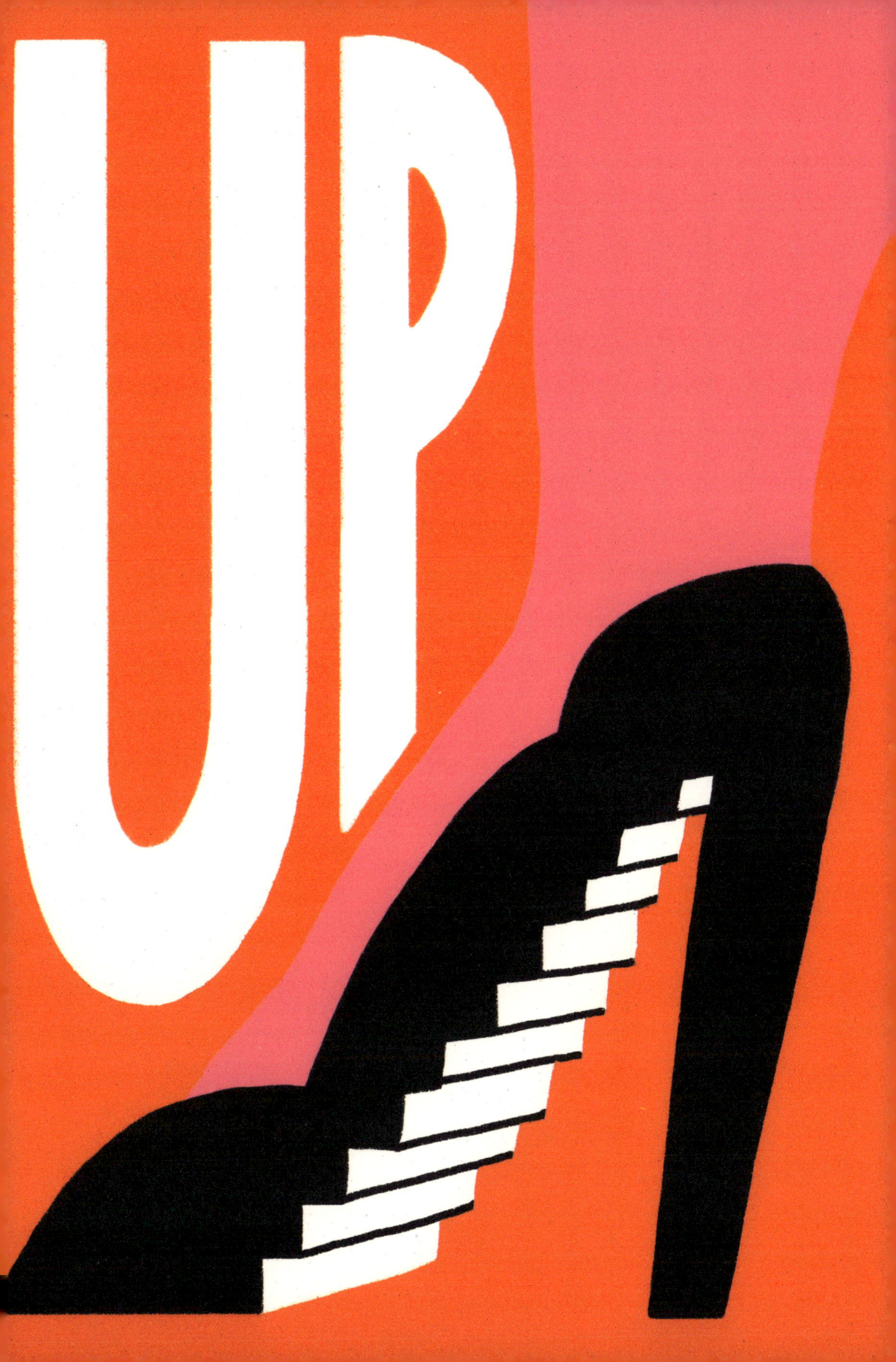
UP

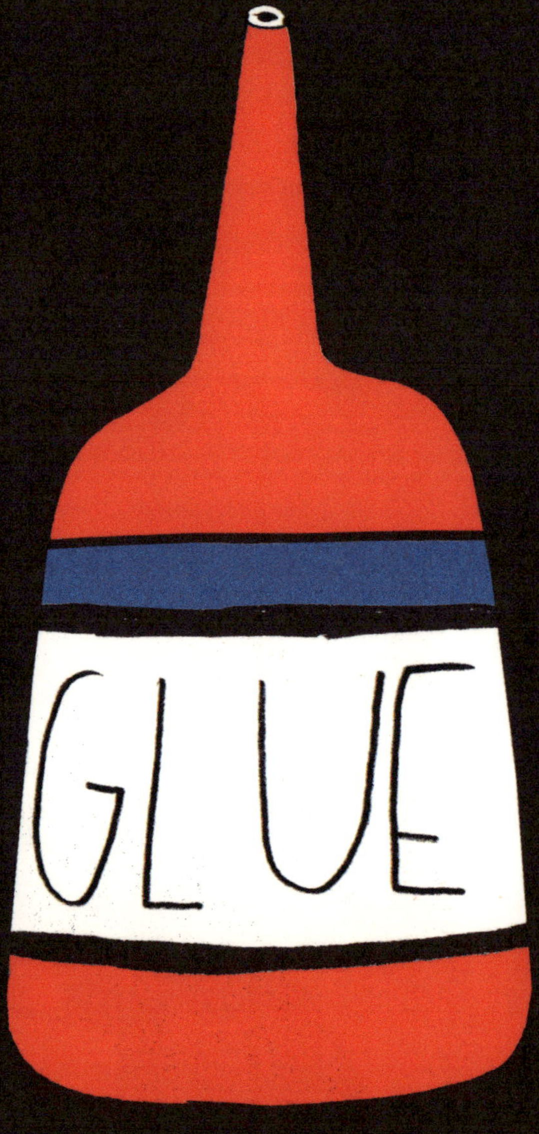

RELATIONSHIPS

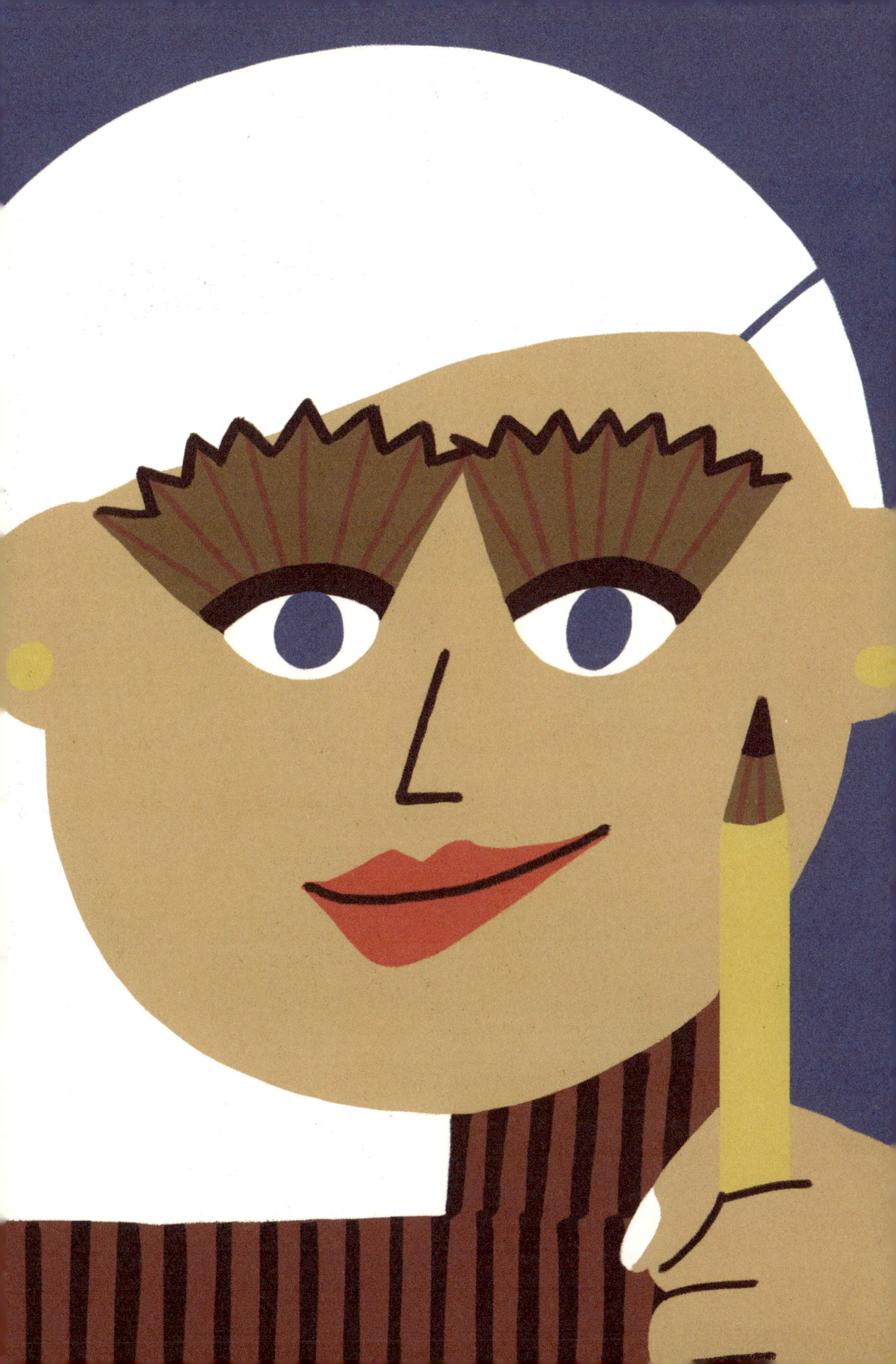

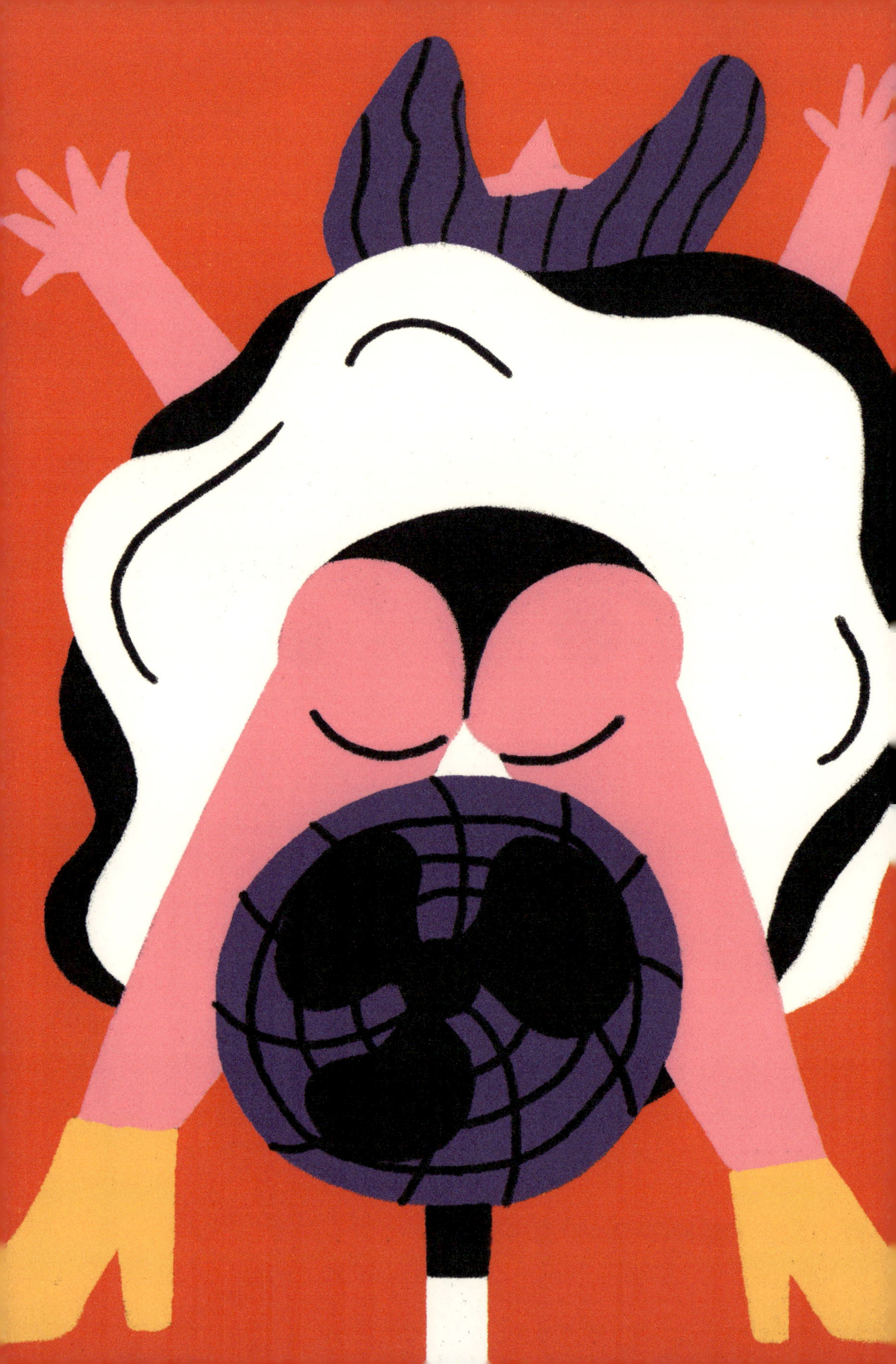

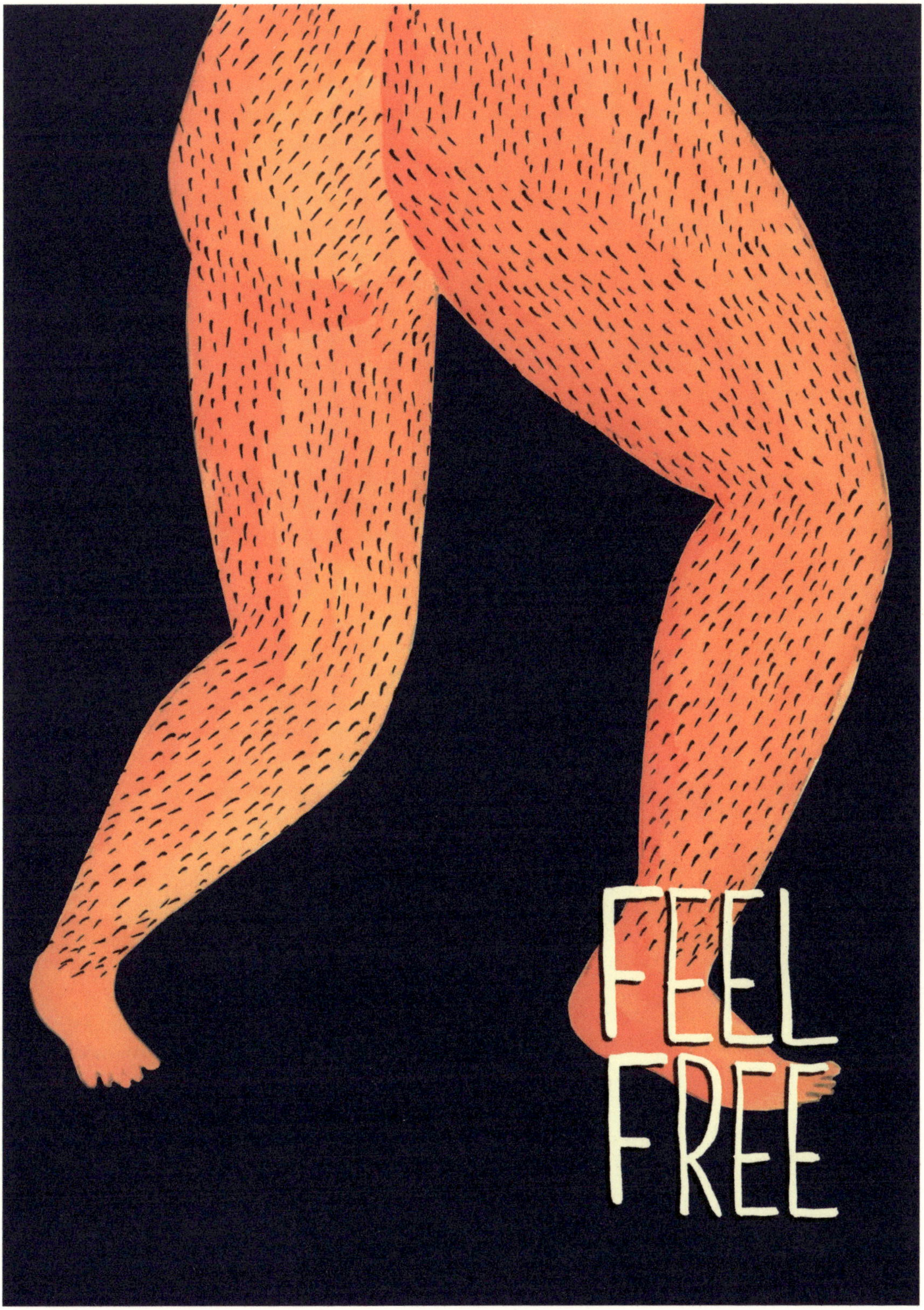
FEEL
FREE

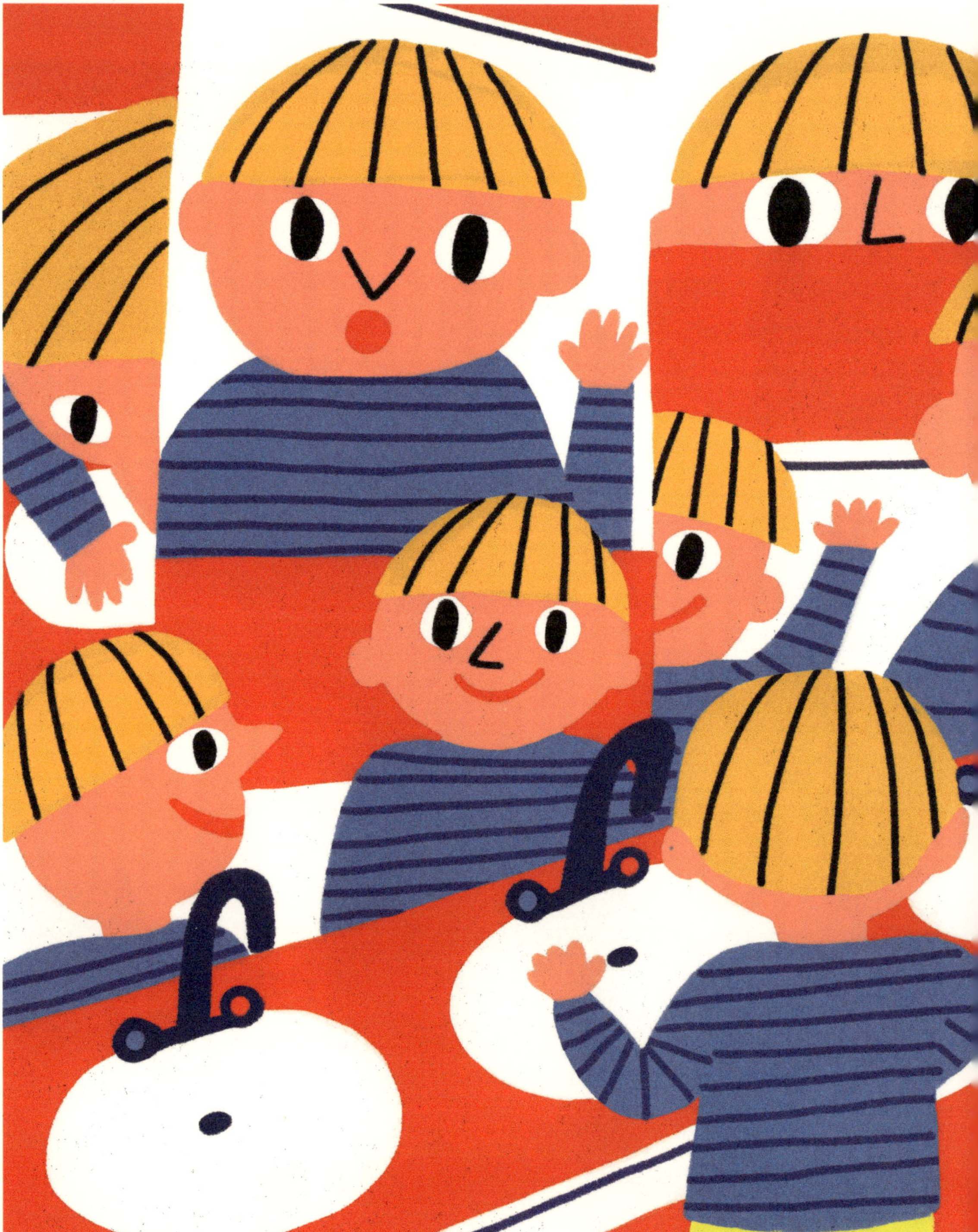

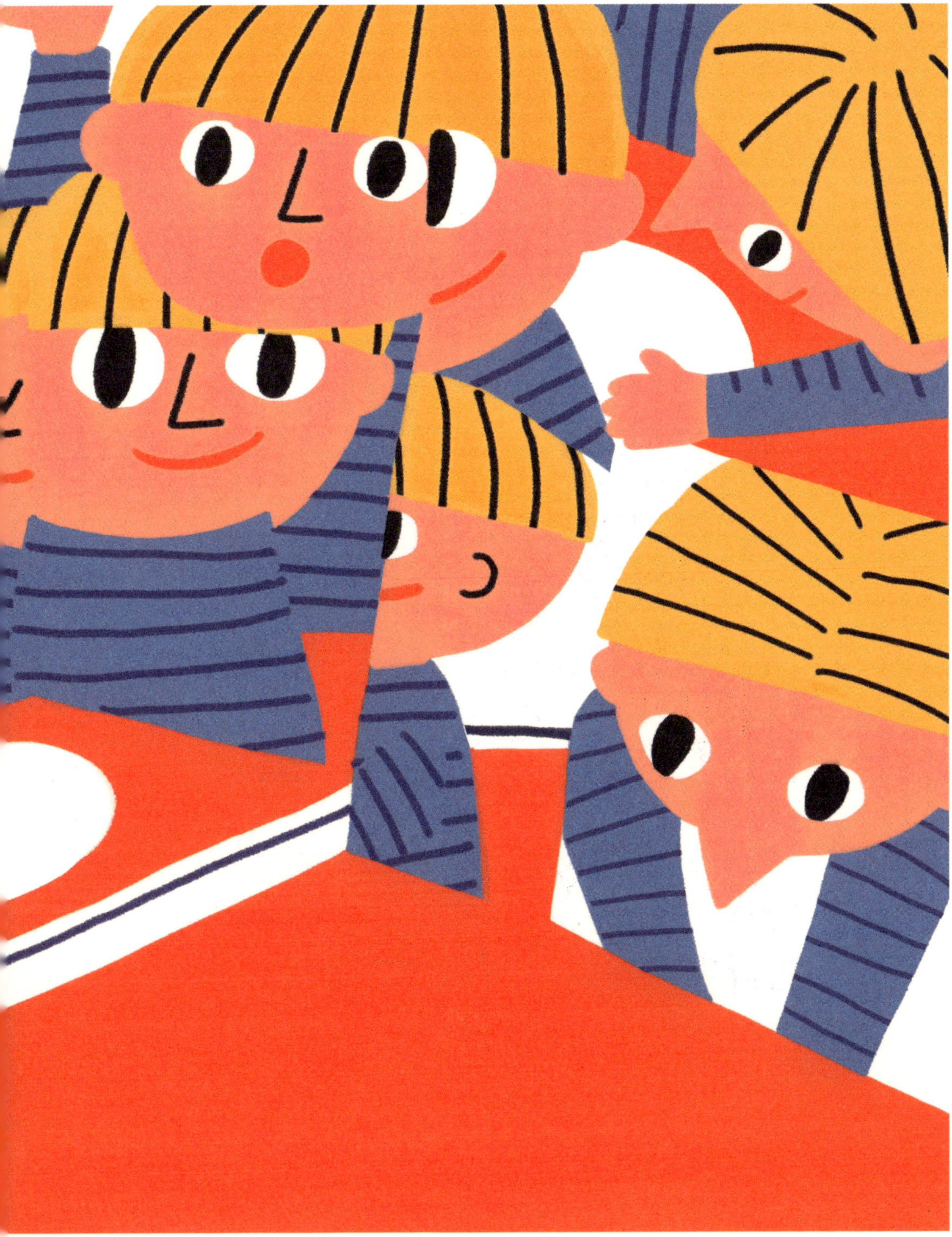

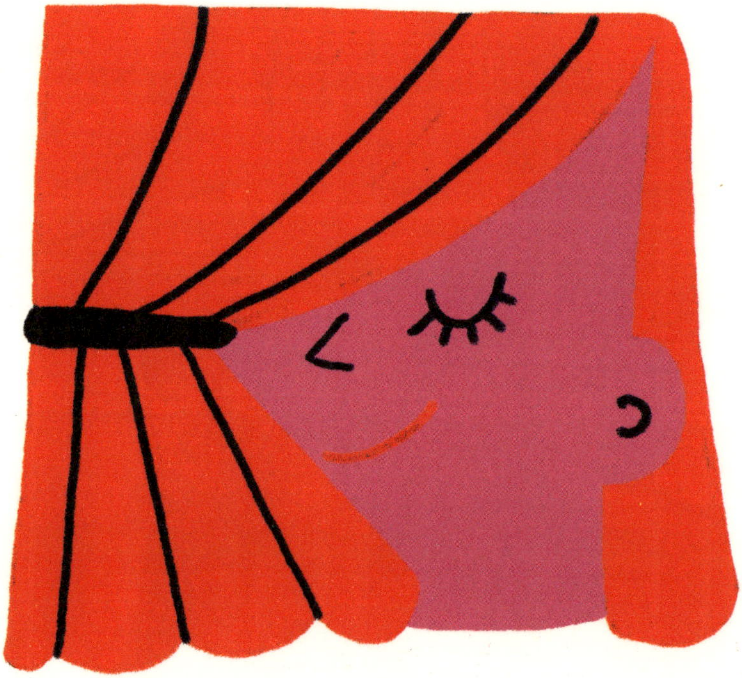

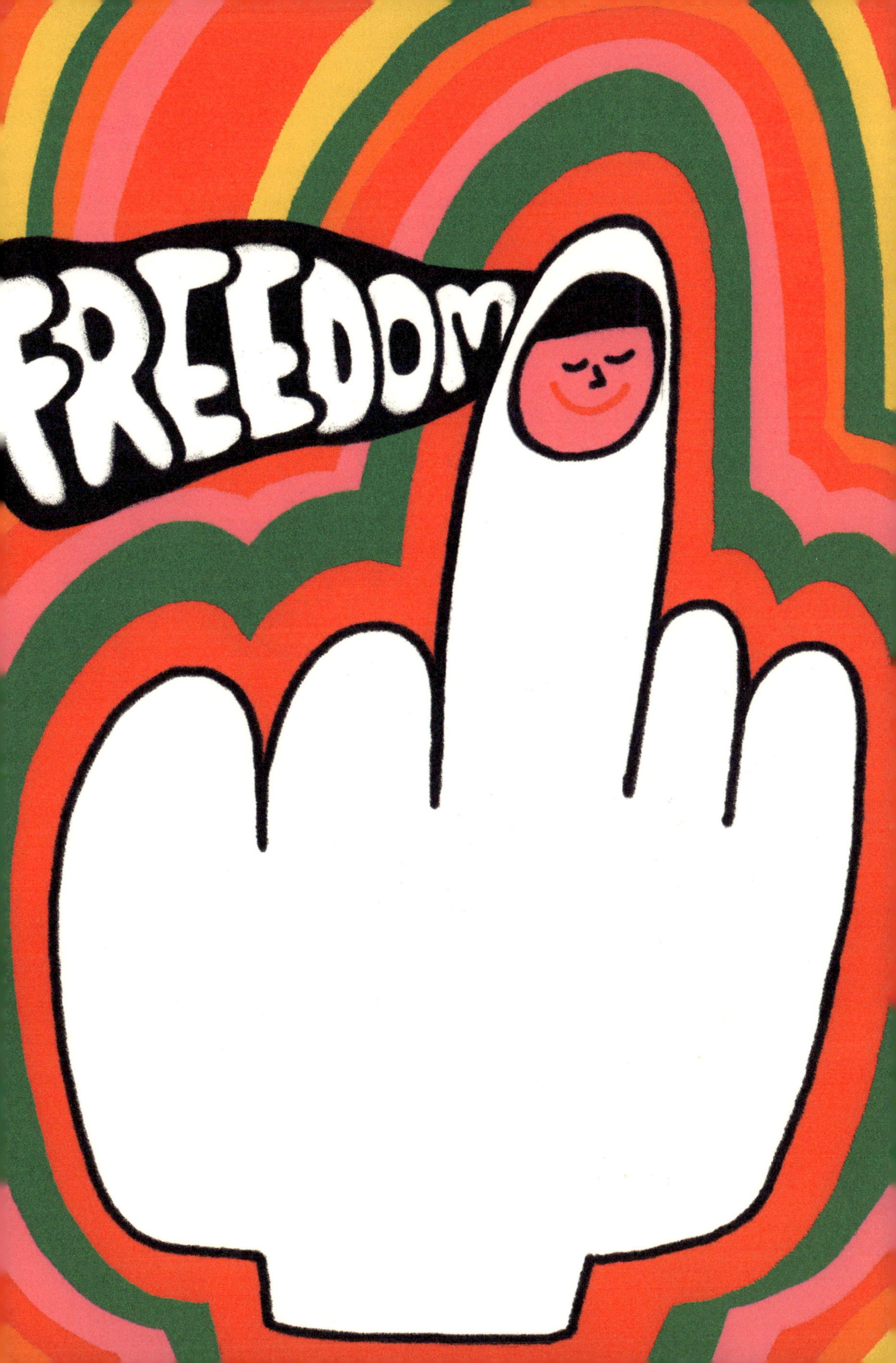
FREEDOM

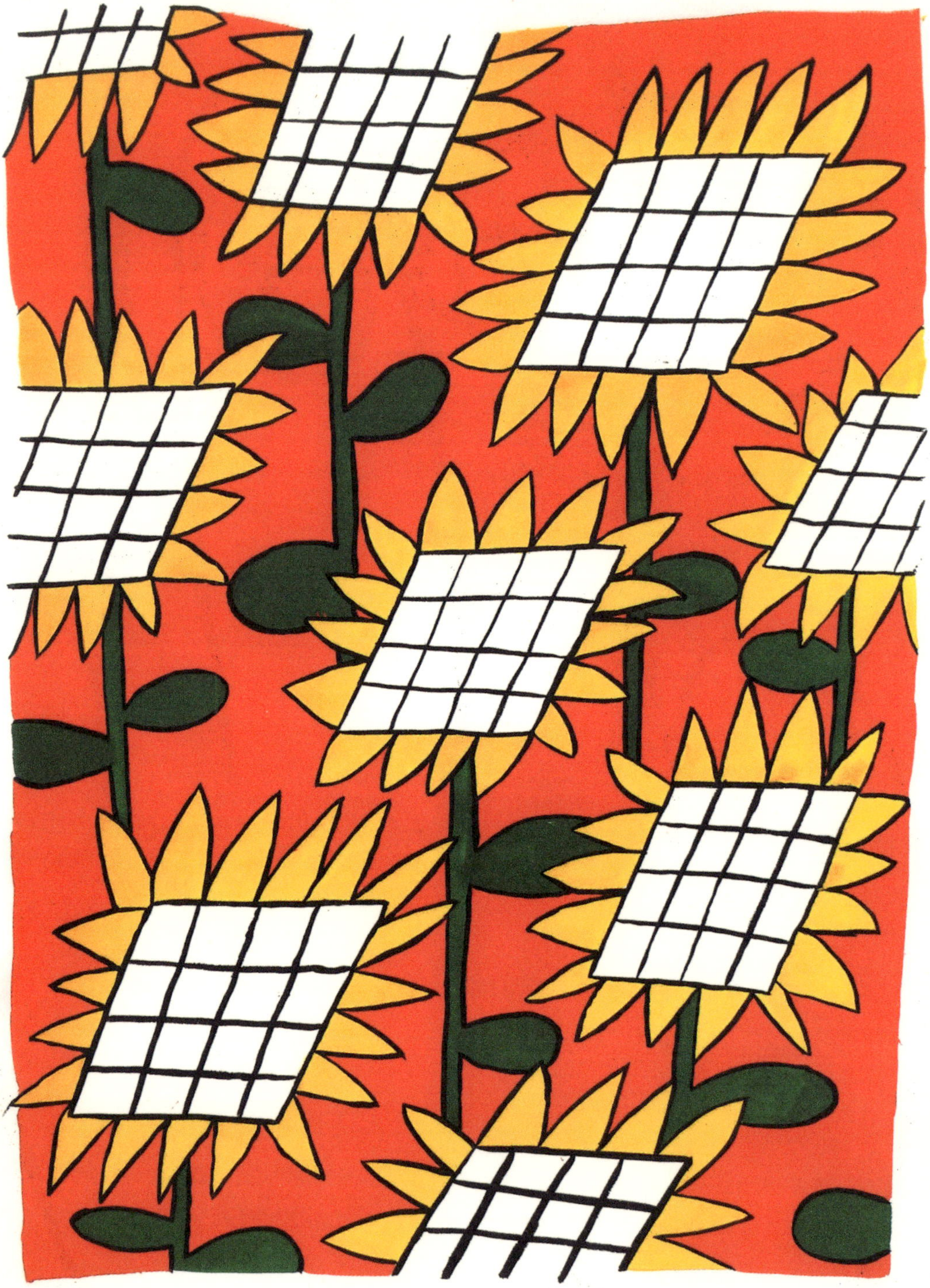

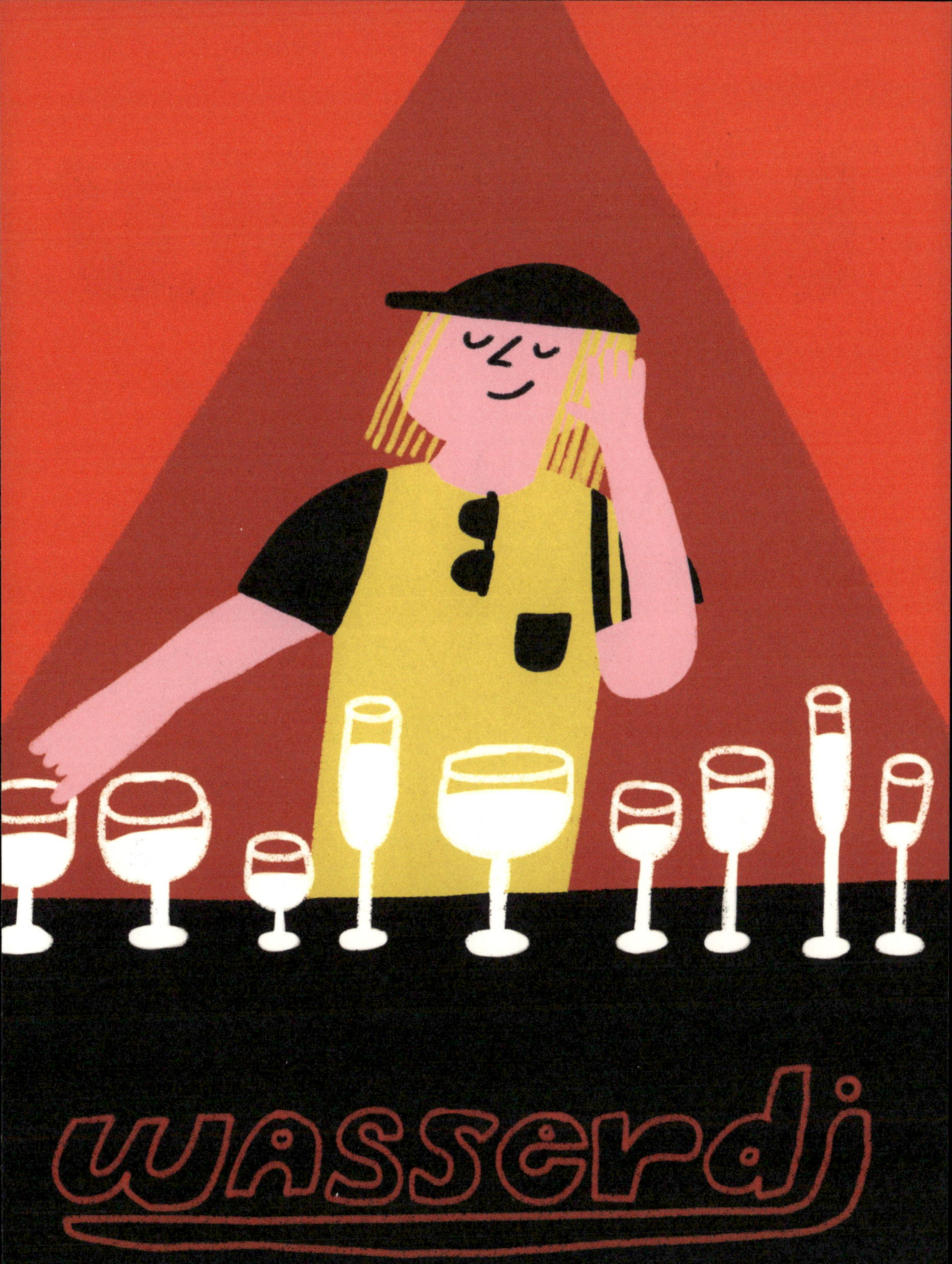
wasserdj

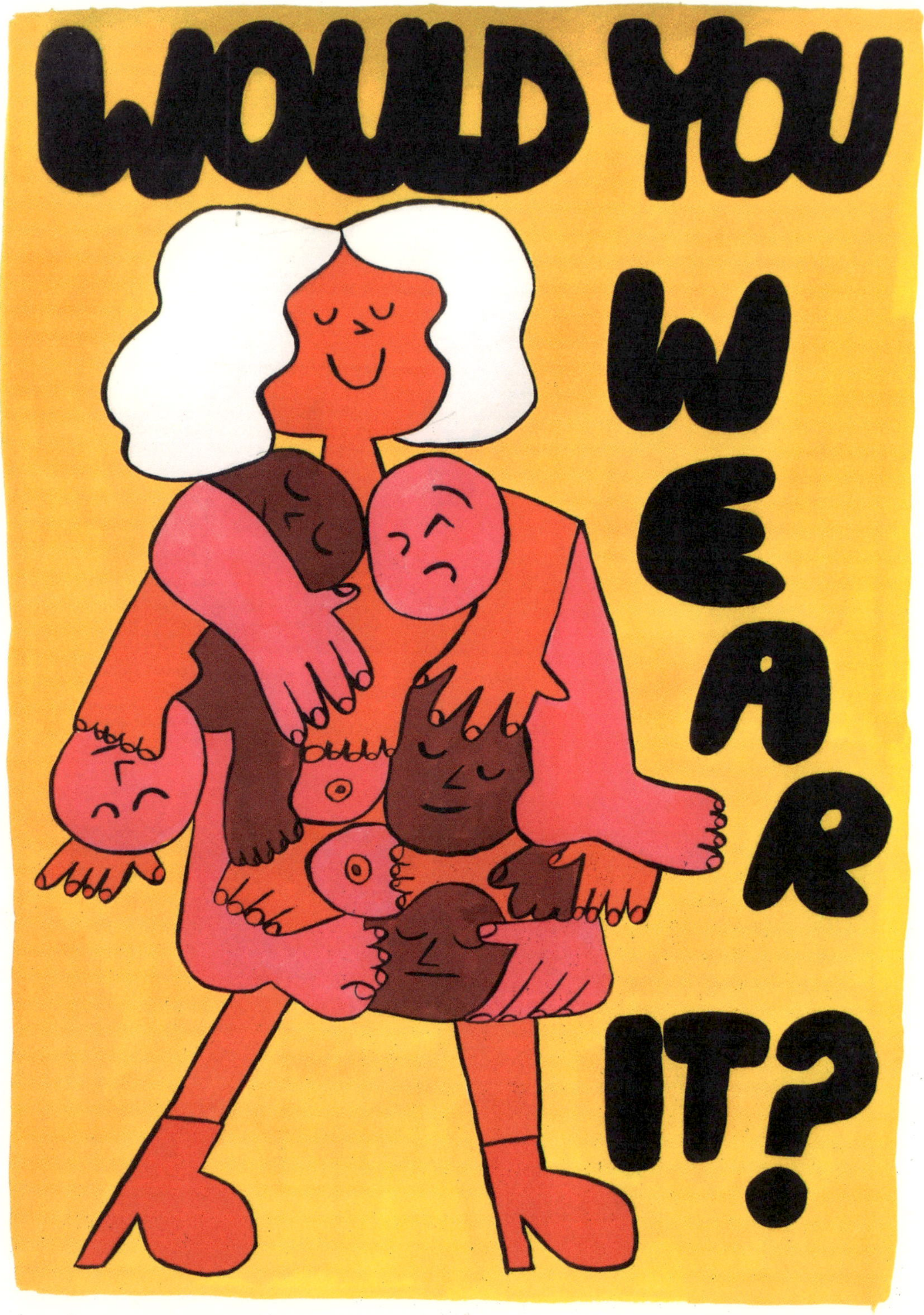
WOULD YOU
WEAR
IT?

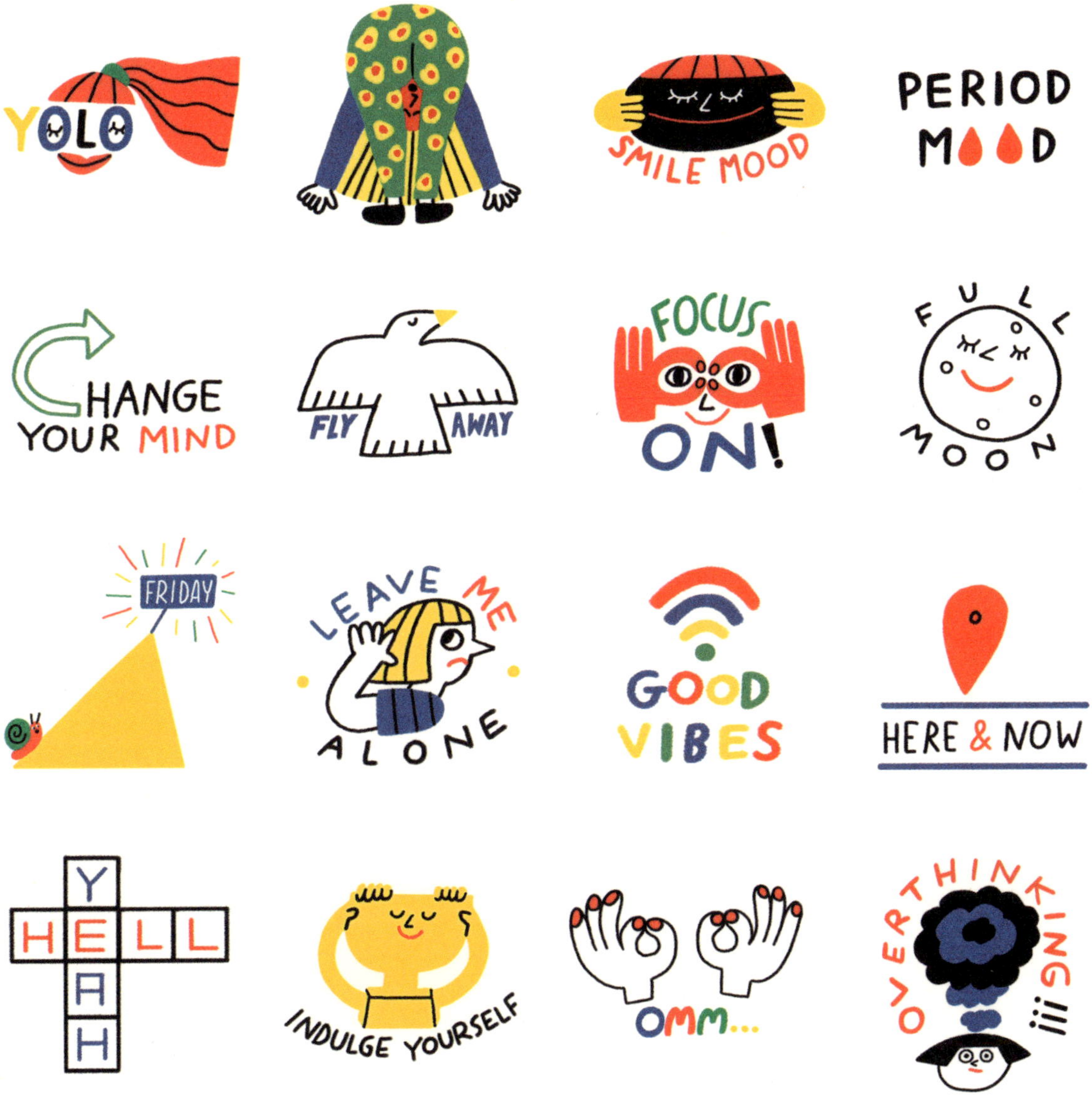
YOLO
SMILE MOOD
PERIOD MOOD
CHANGE YOUR MIND
FLY AWAY
FOCUS ON!
FULL MOON
FRIDAY
LEAVE ME ALONE
GOOD VIBES
HERE & NOW
HELL YEAH
INDULGE YOURSELF
OMM...
OVERTHINKING!!!

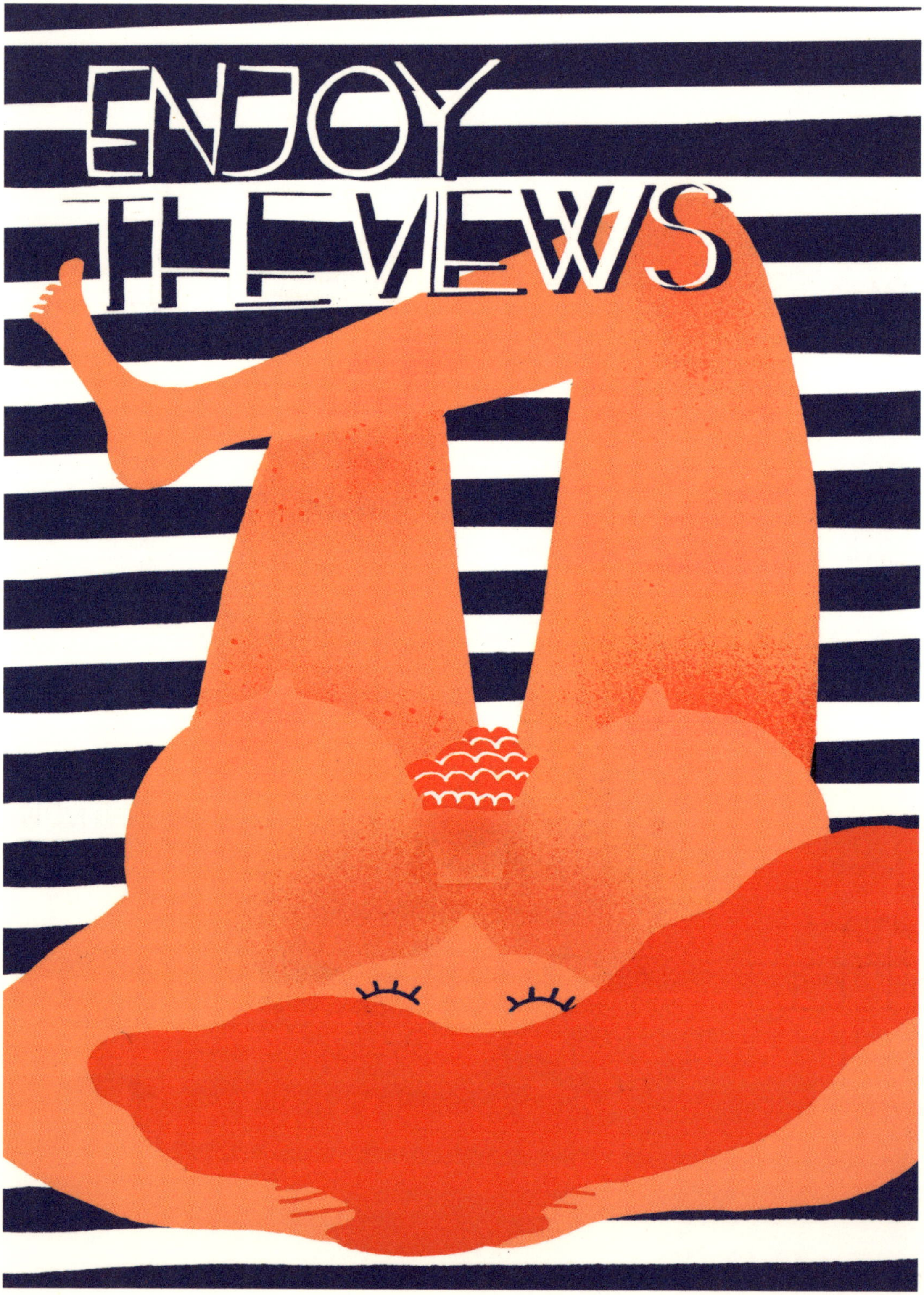
ENJOY
THE VIEWS

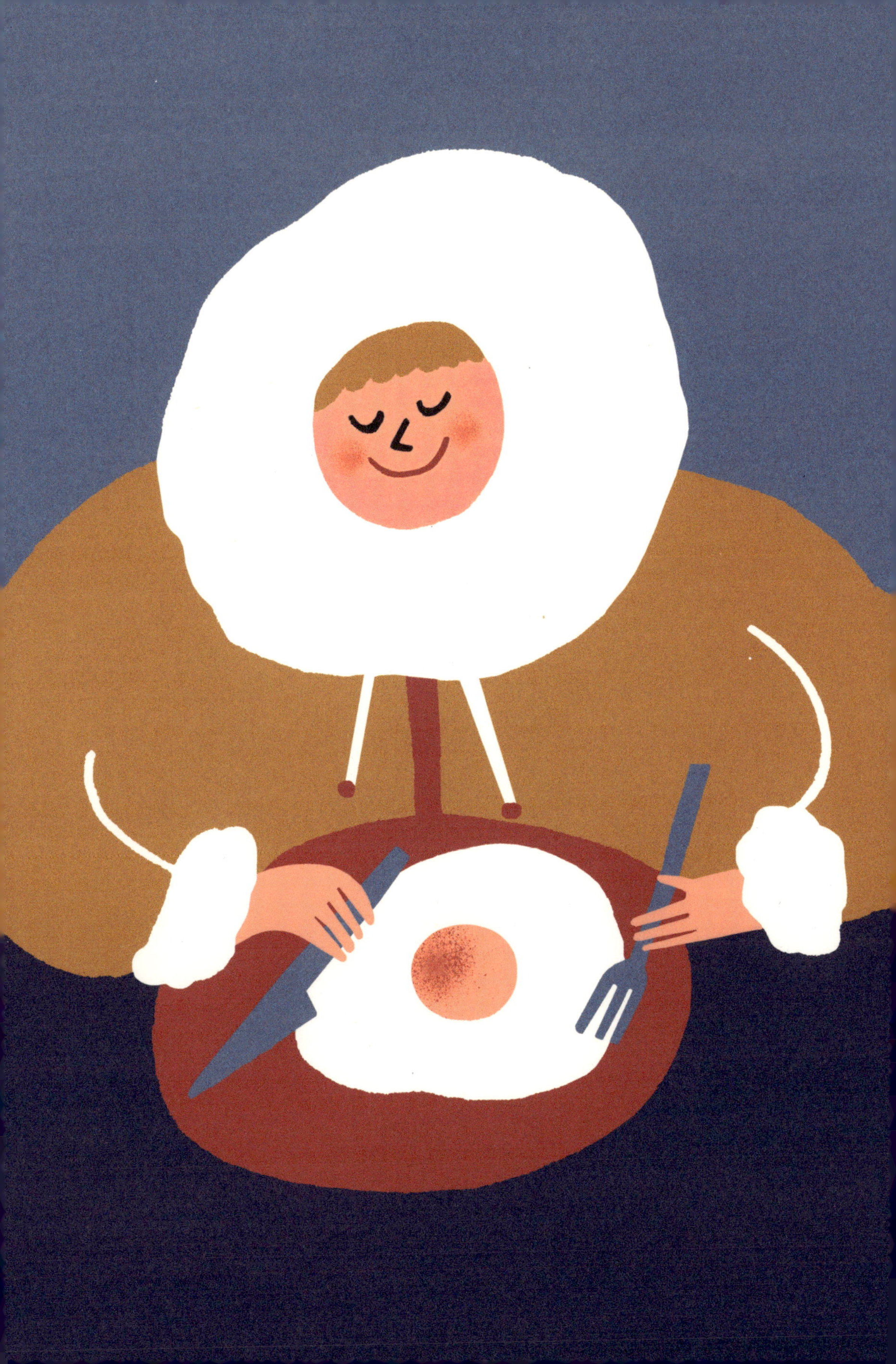

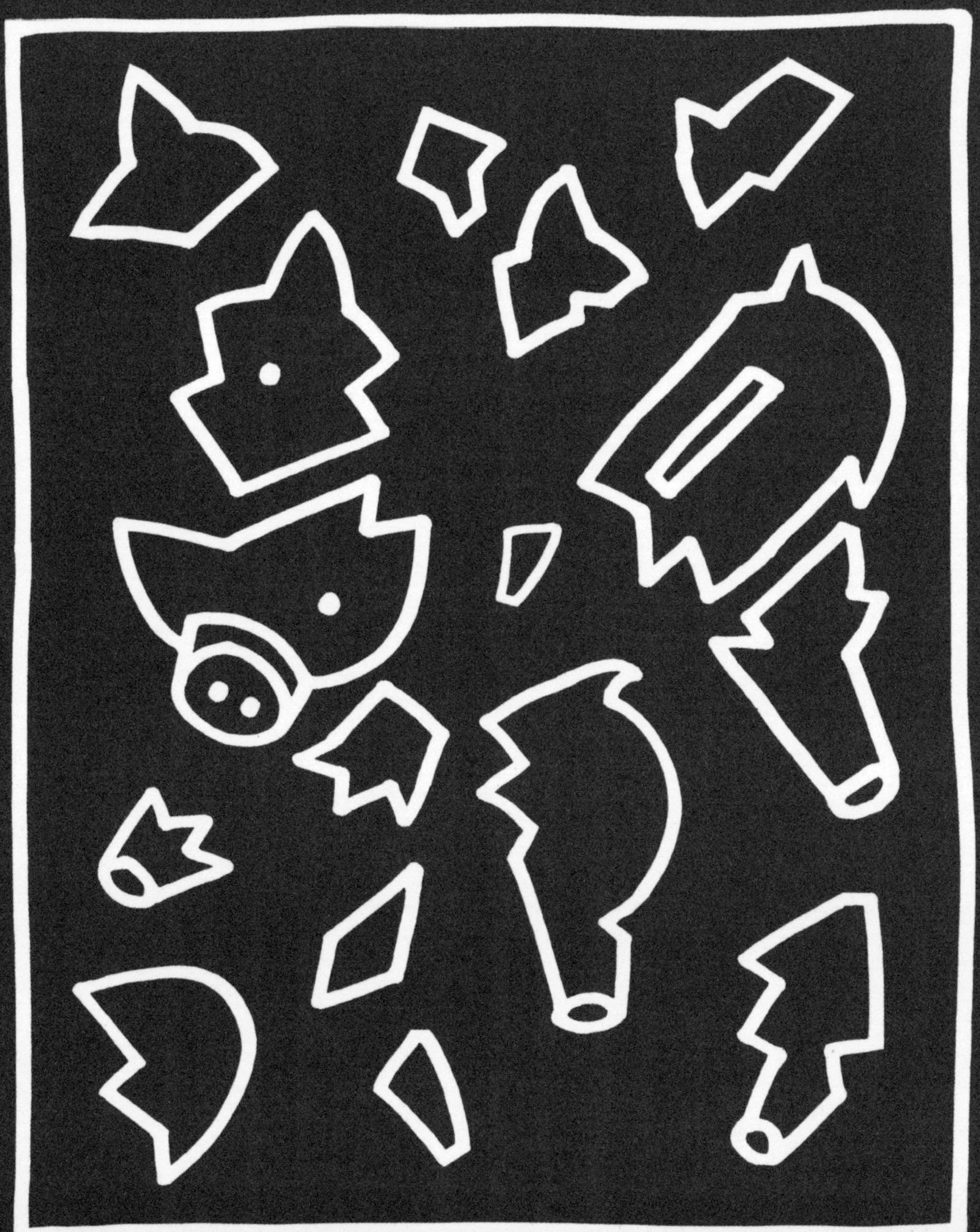

I'M BROKE!

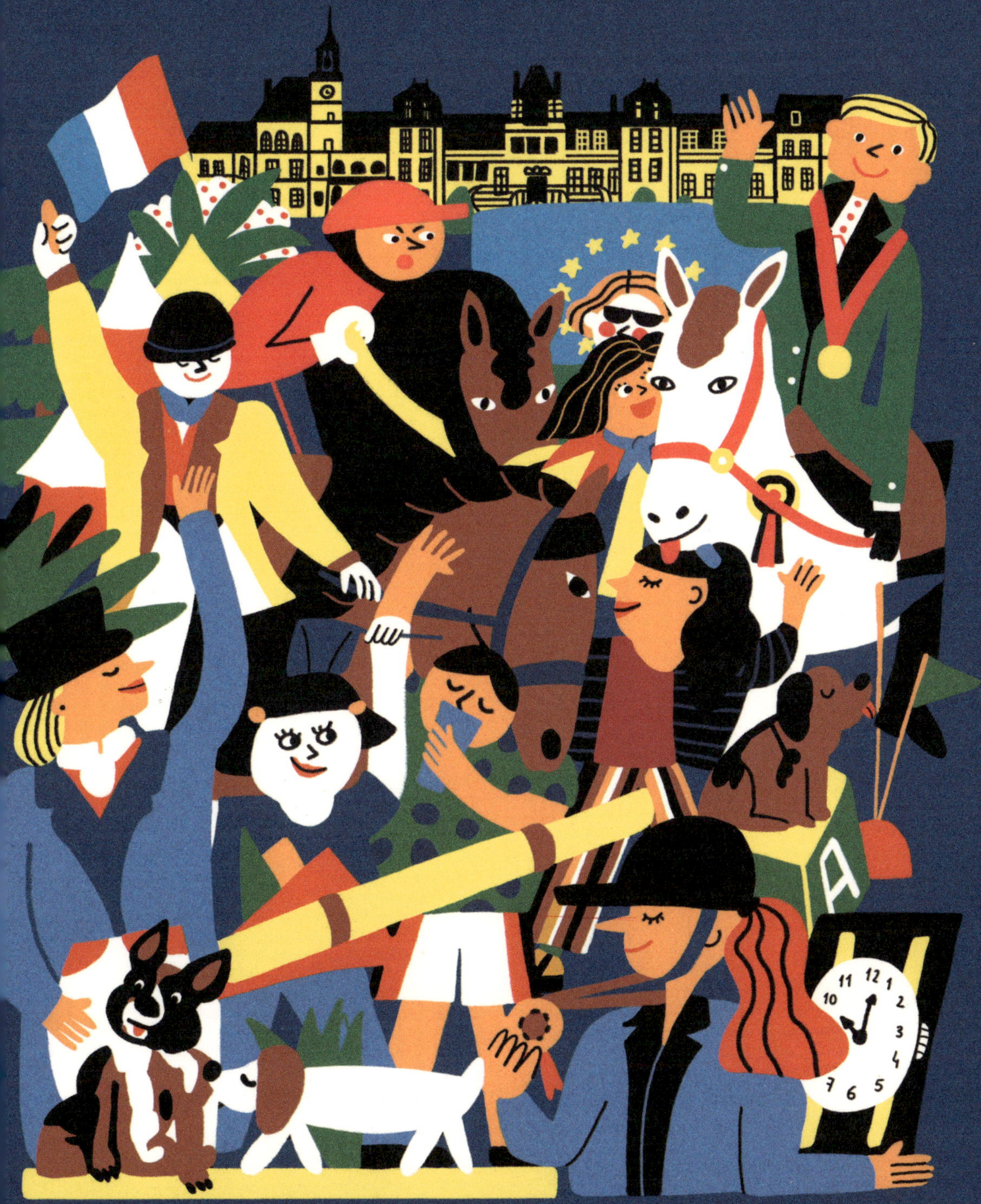

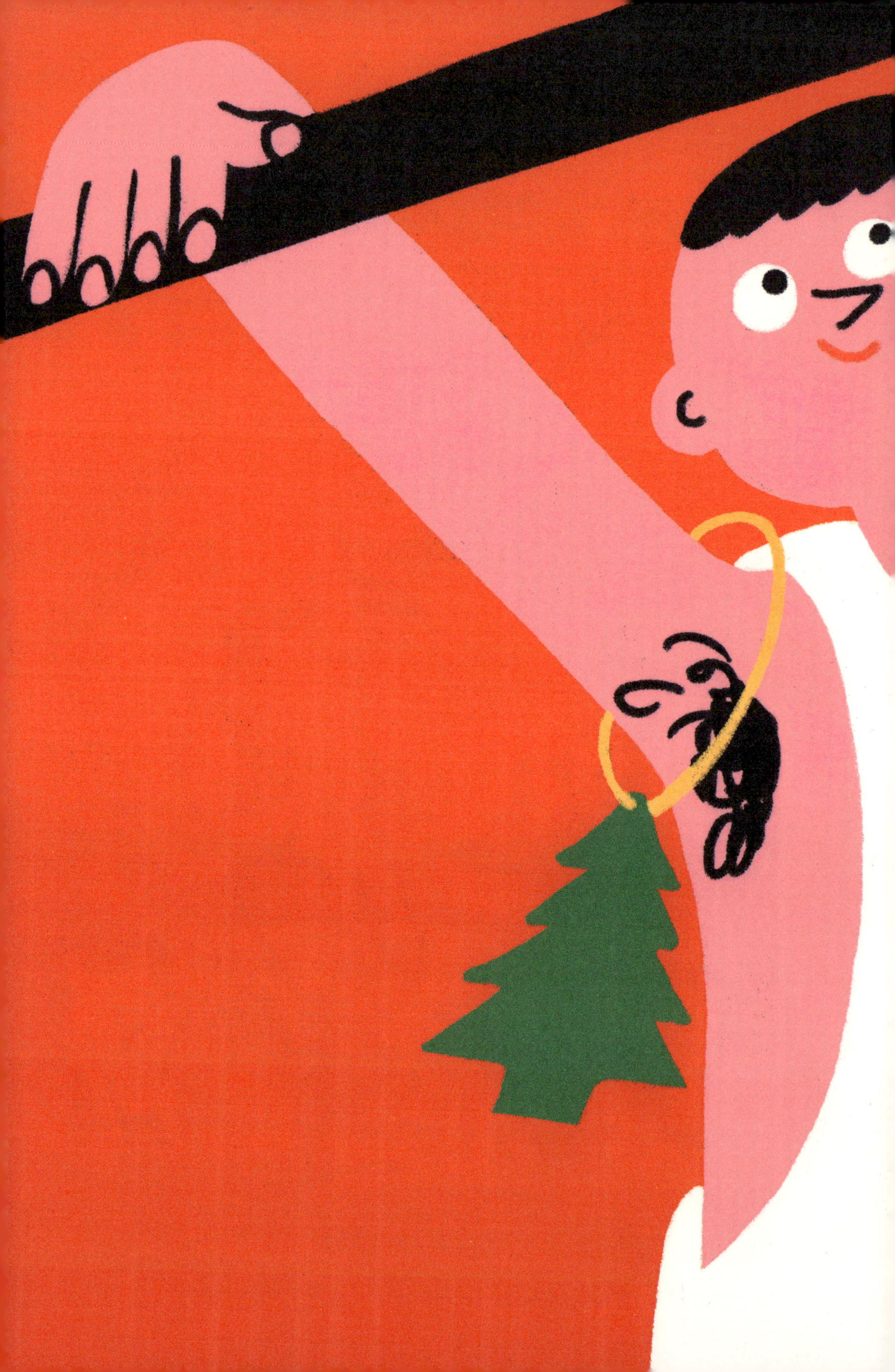

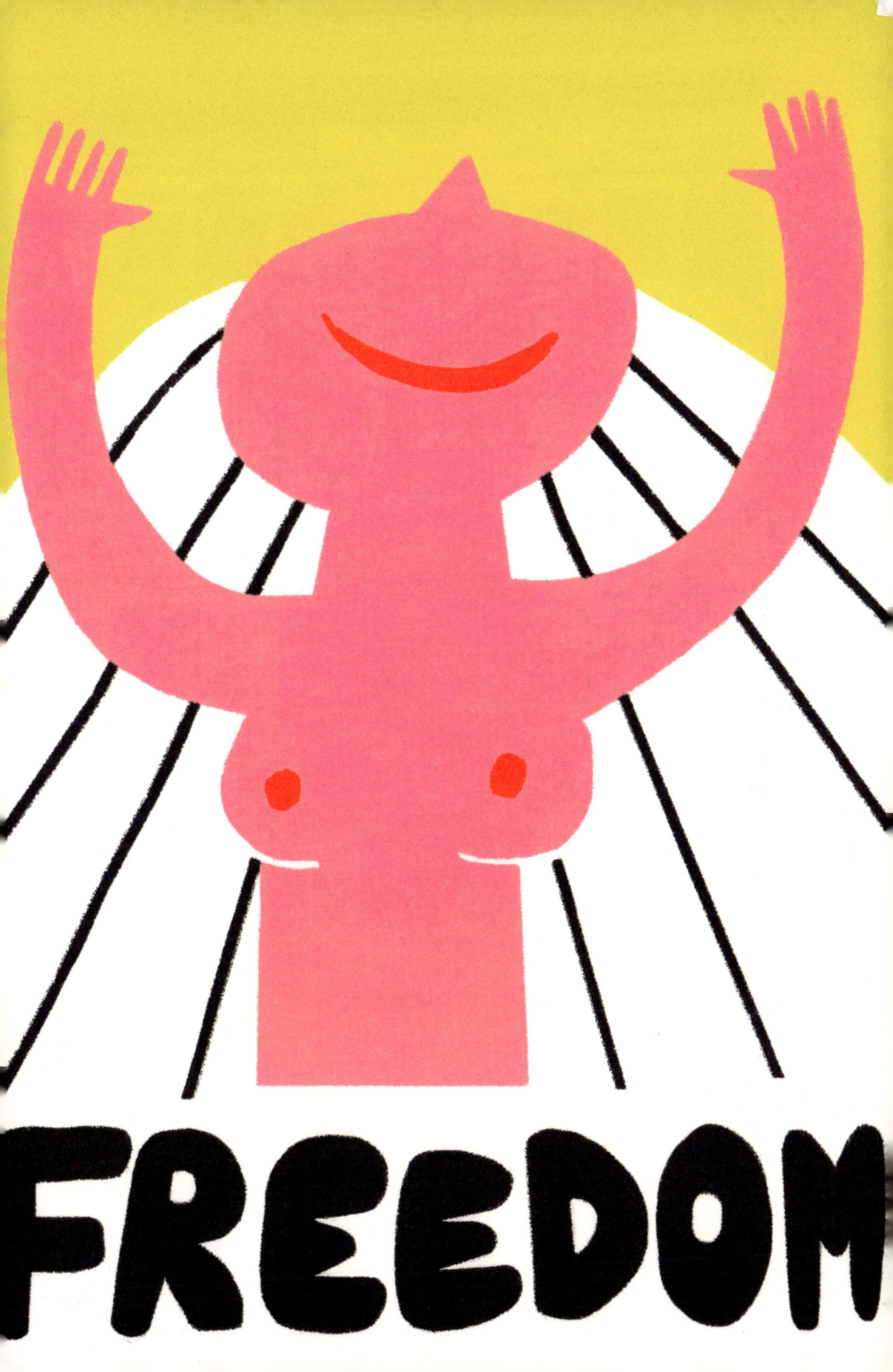
FREEDOM

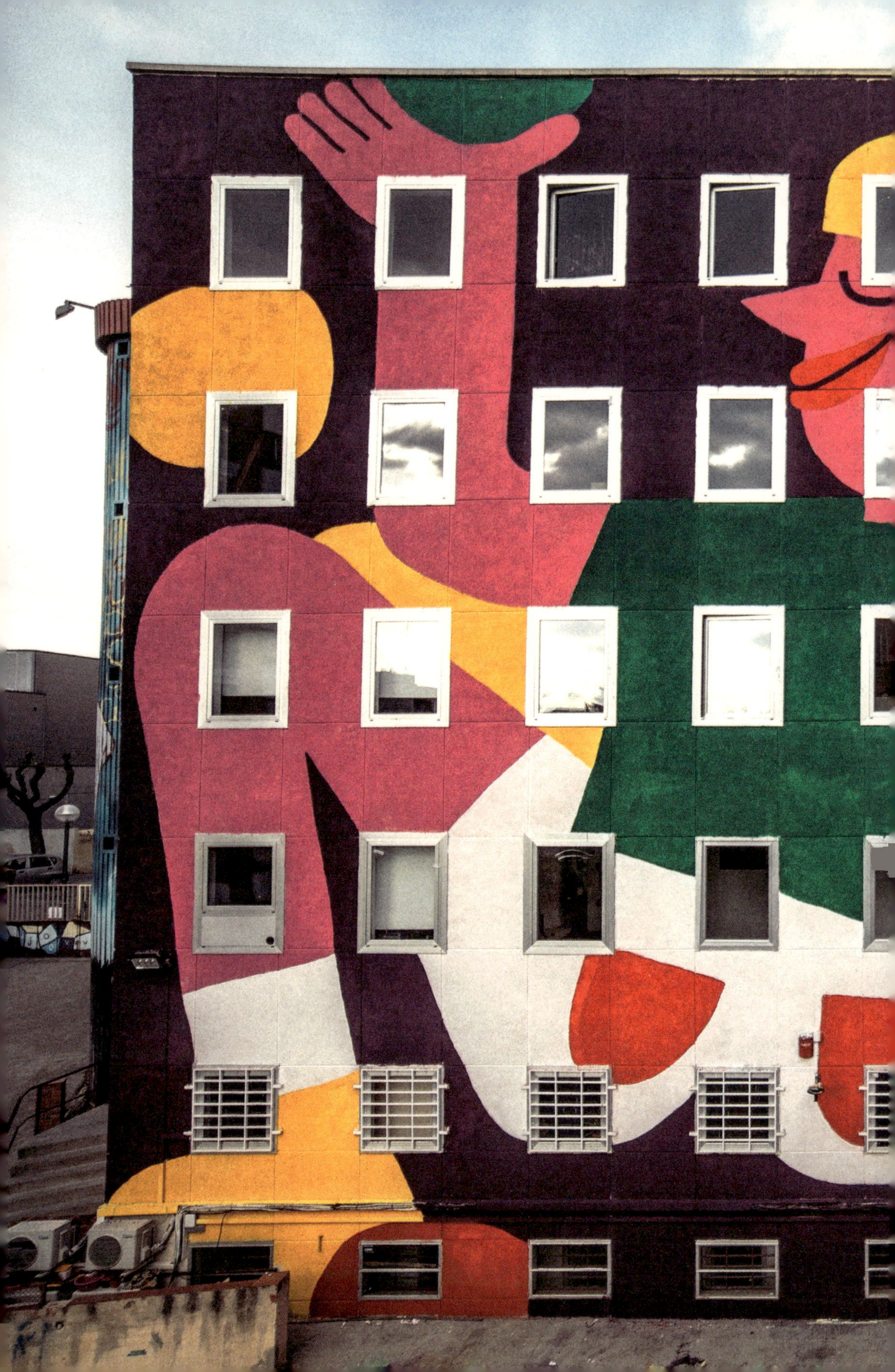

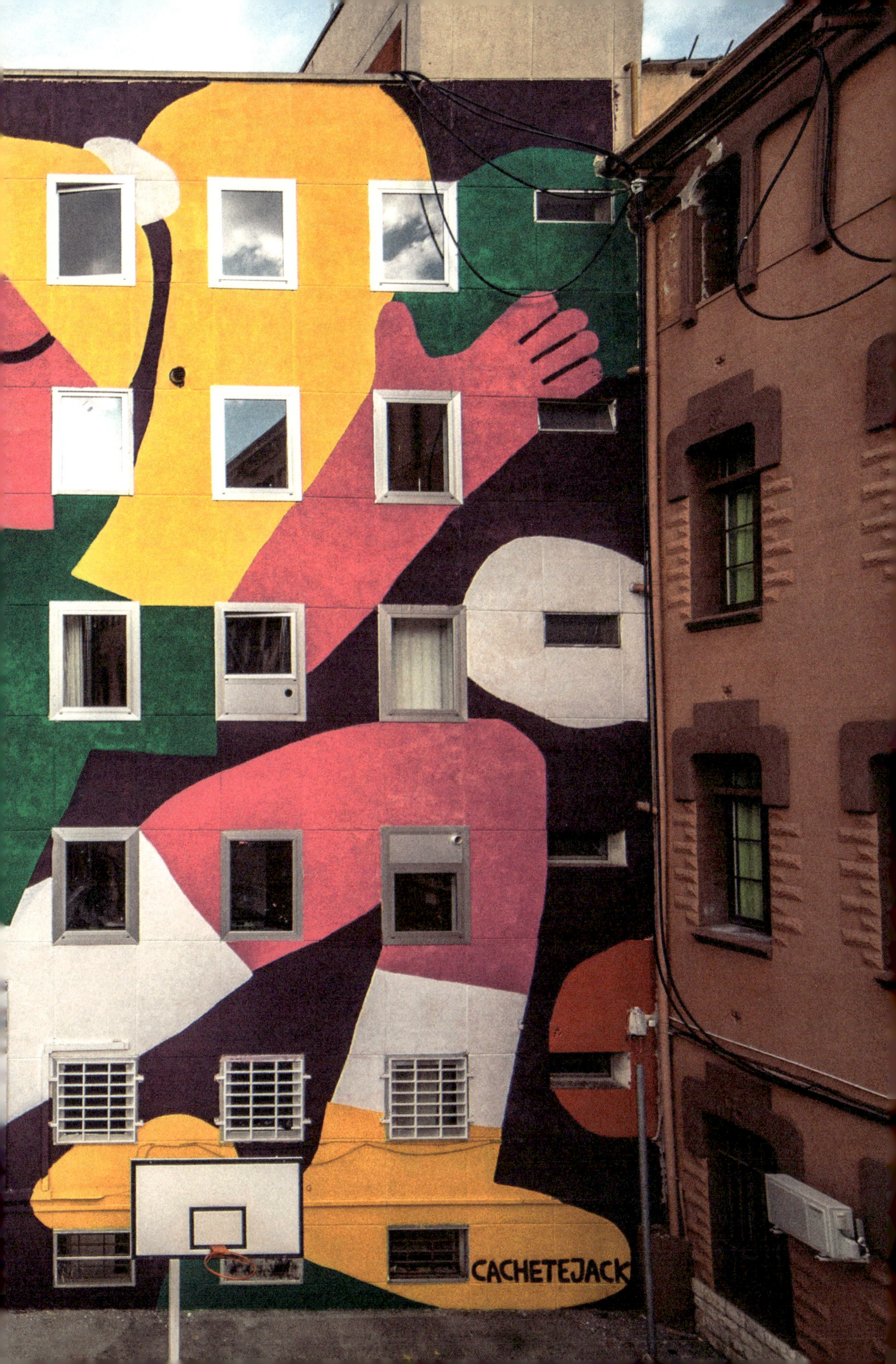
CACHETEJACK

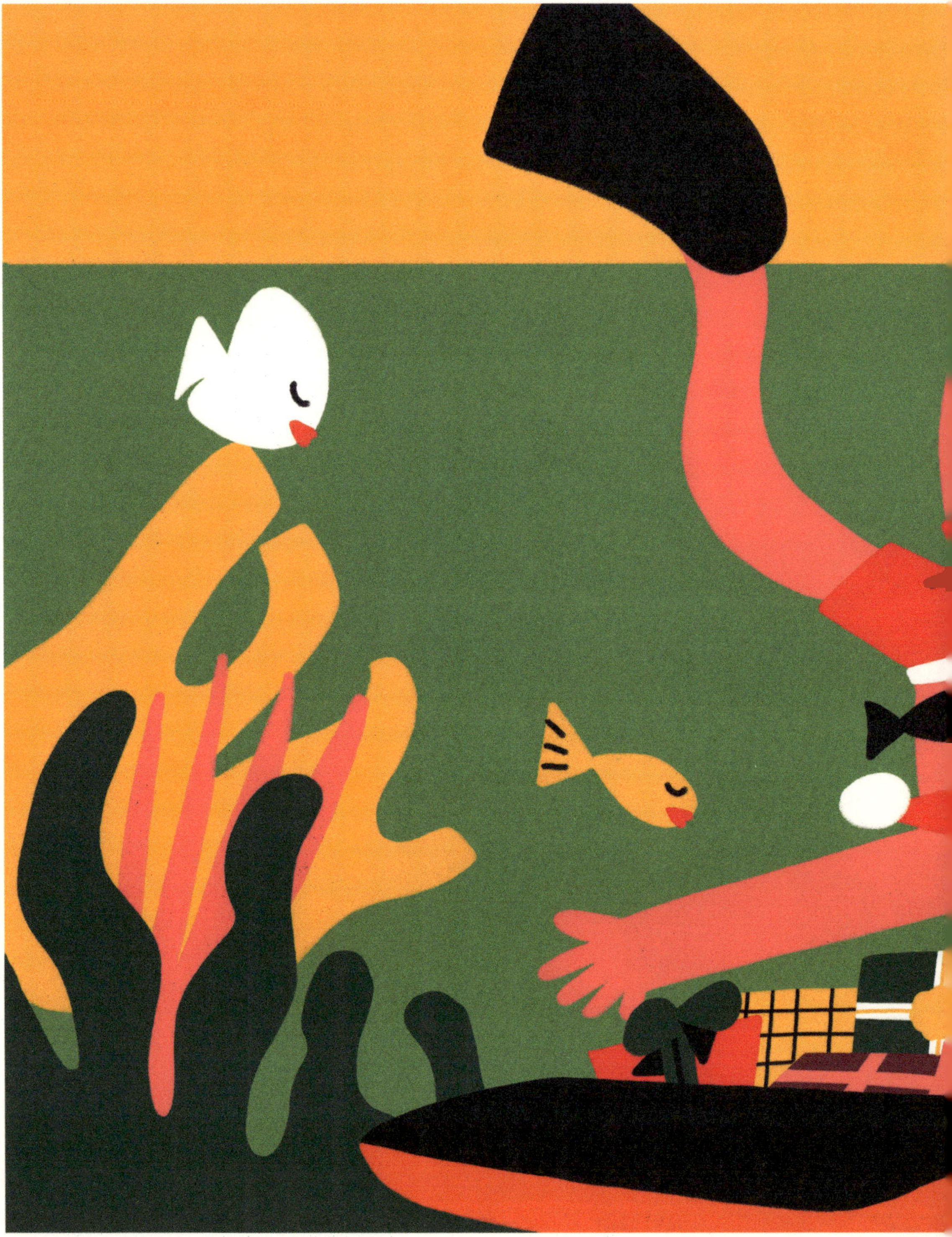

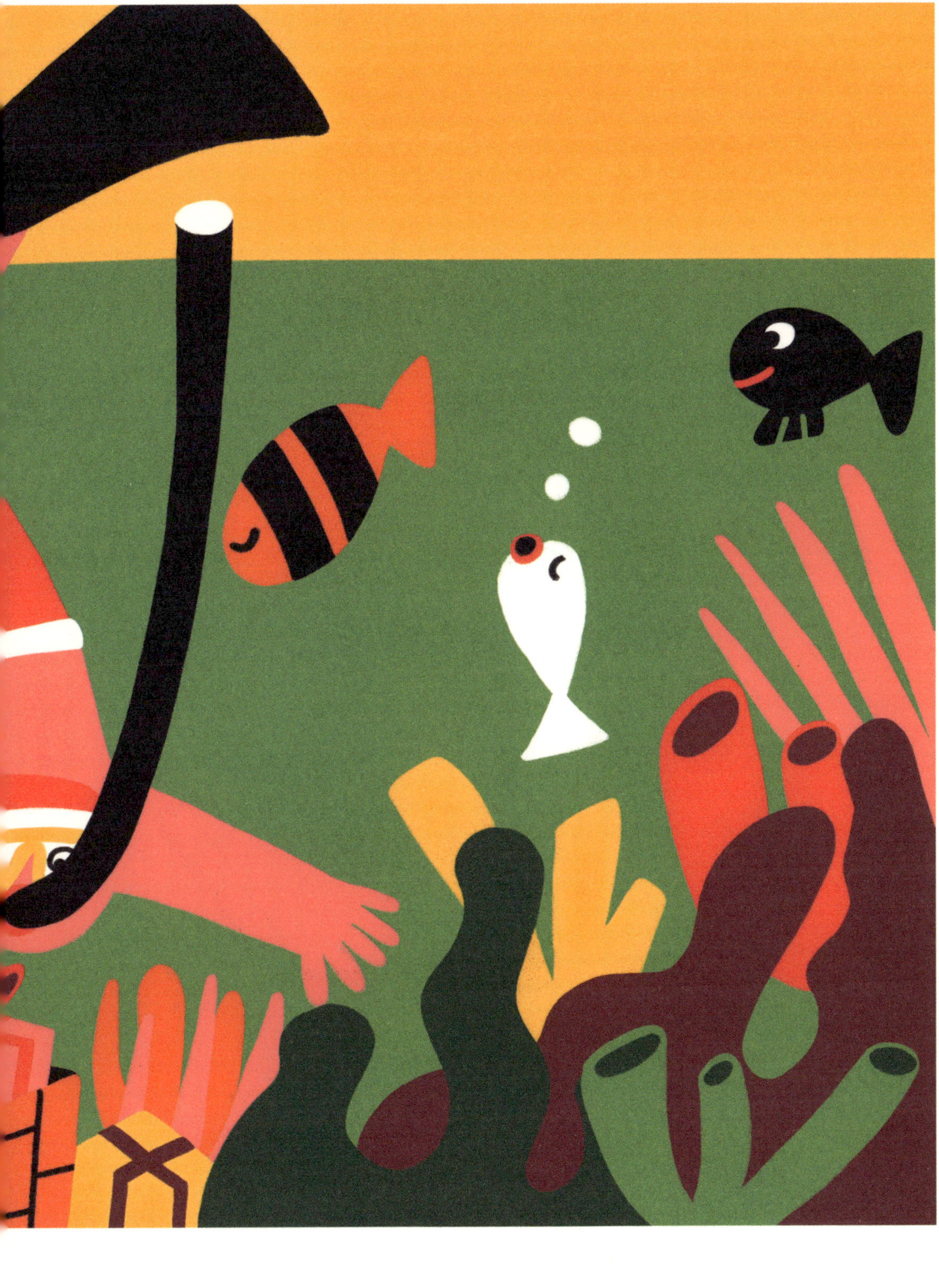

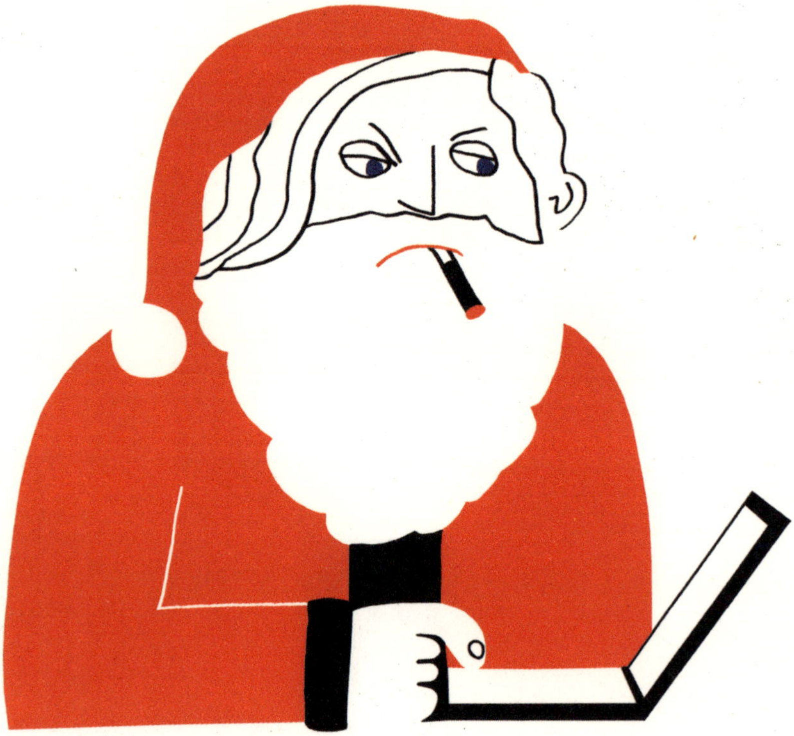

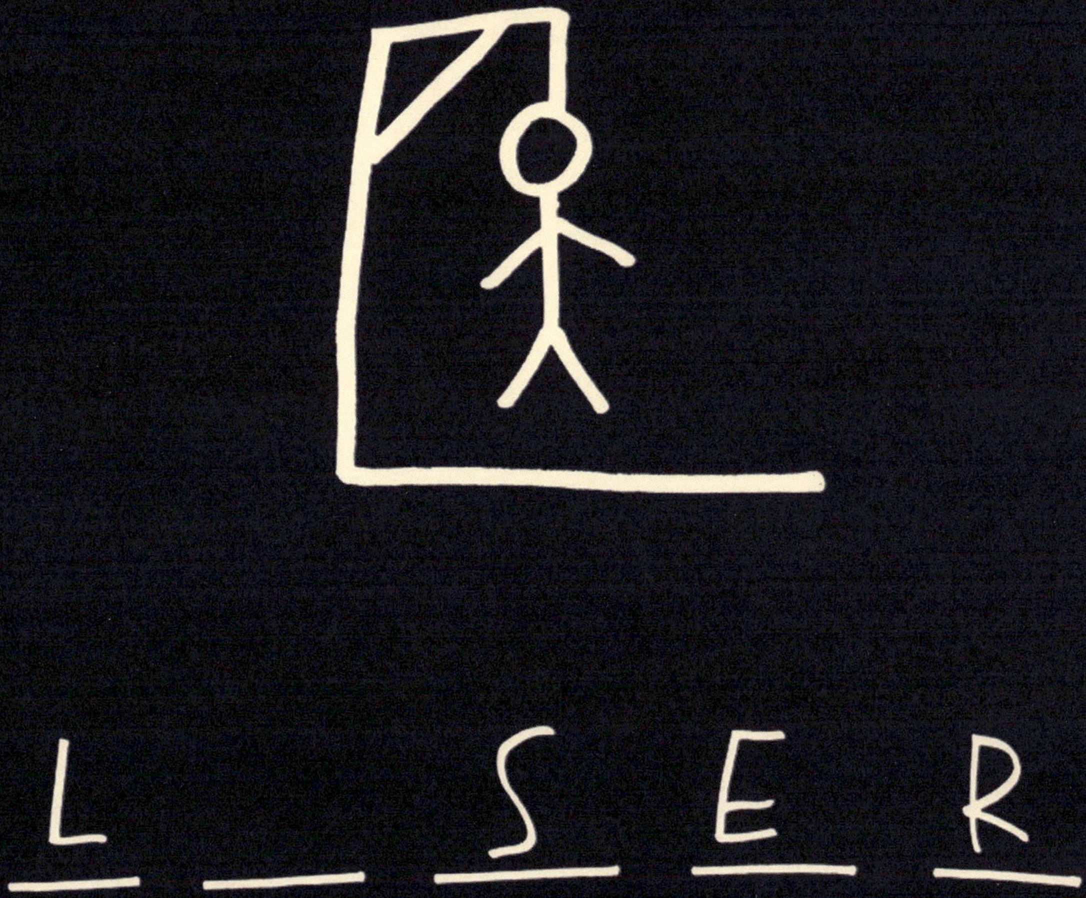
L _ S E R

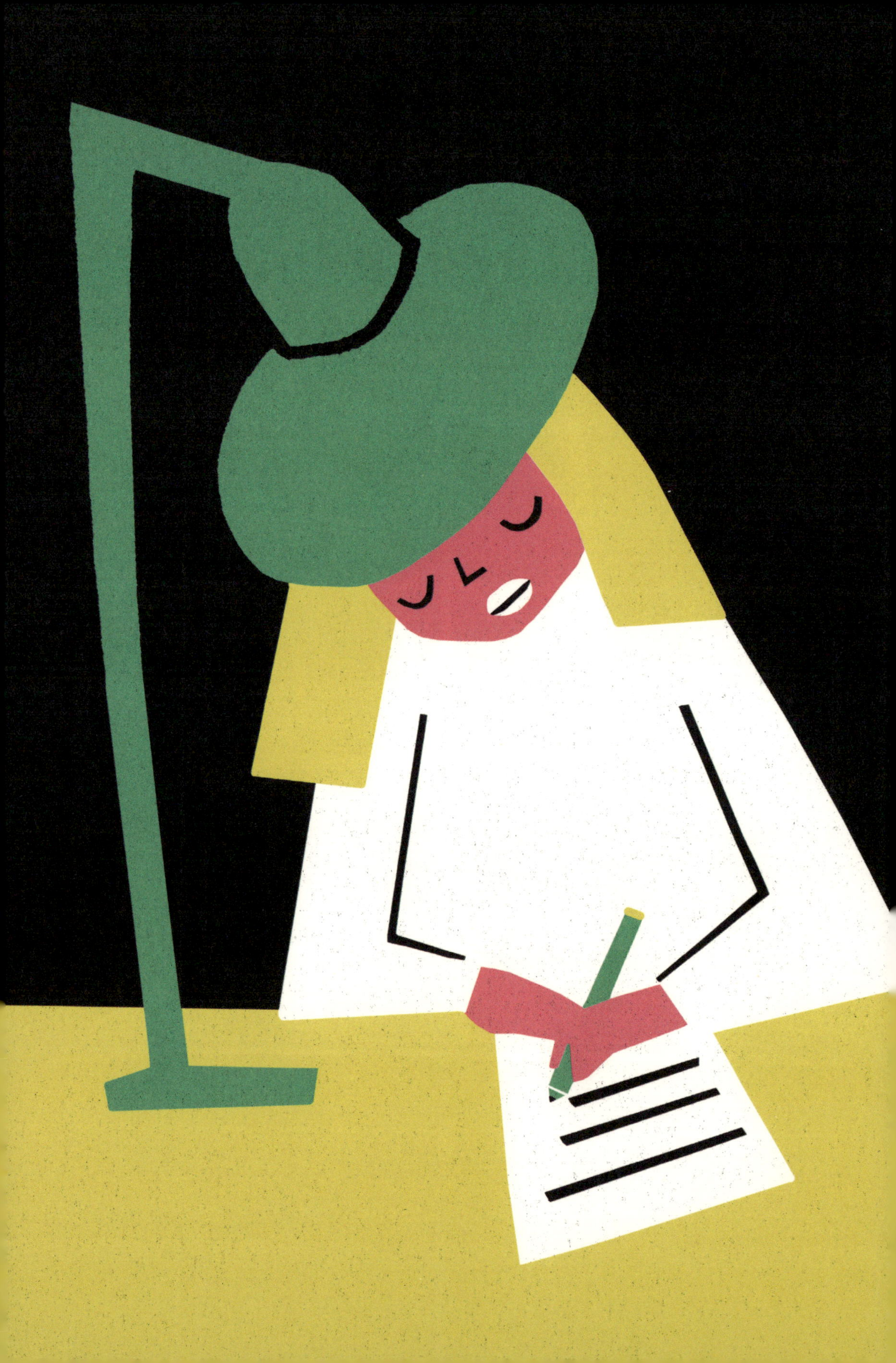

CATCALLING

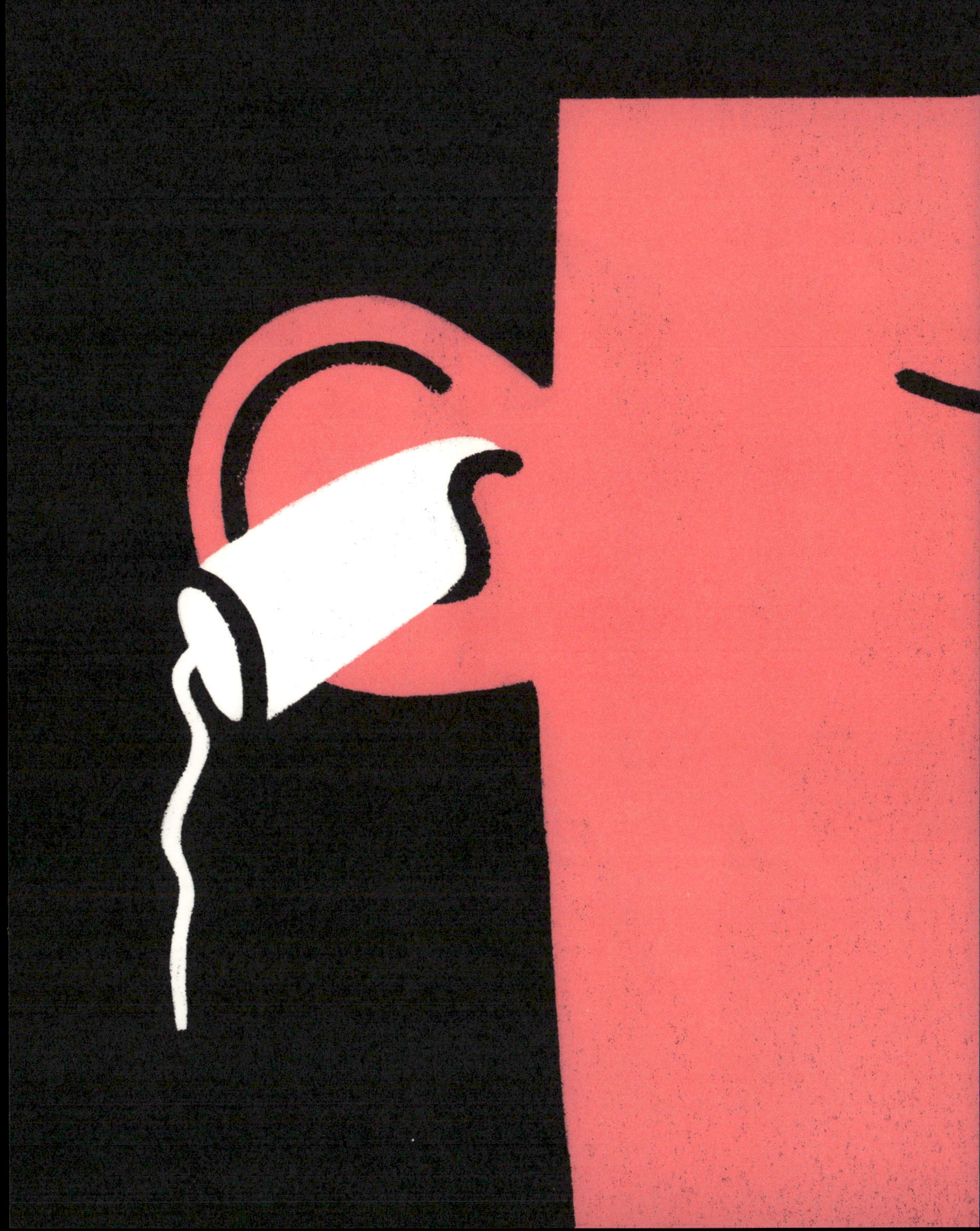

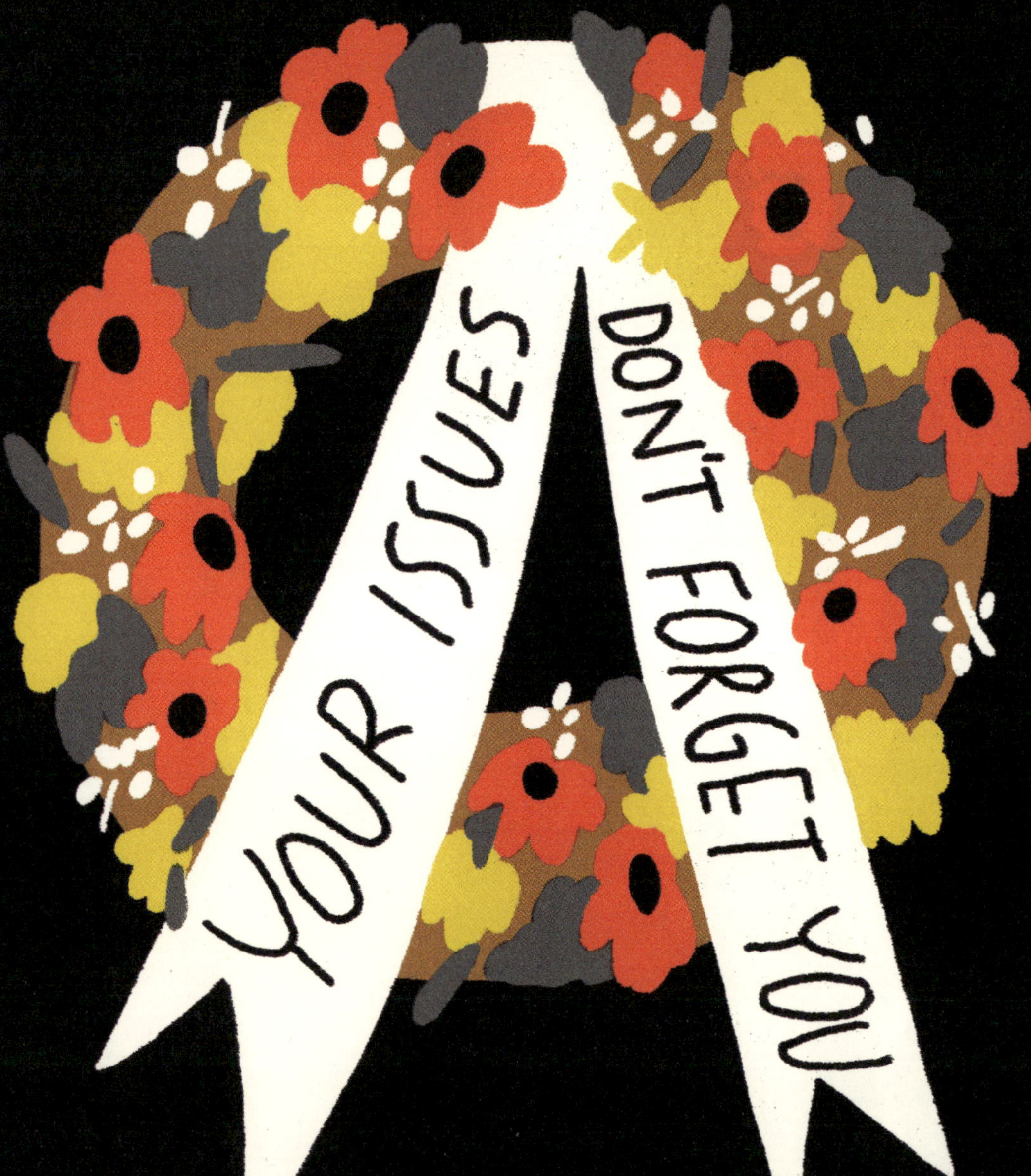
YOUR ISSUES
DON'T FORGET YOU

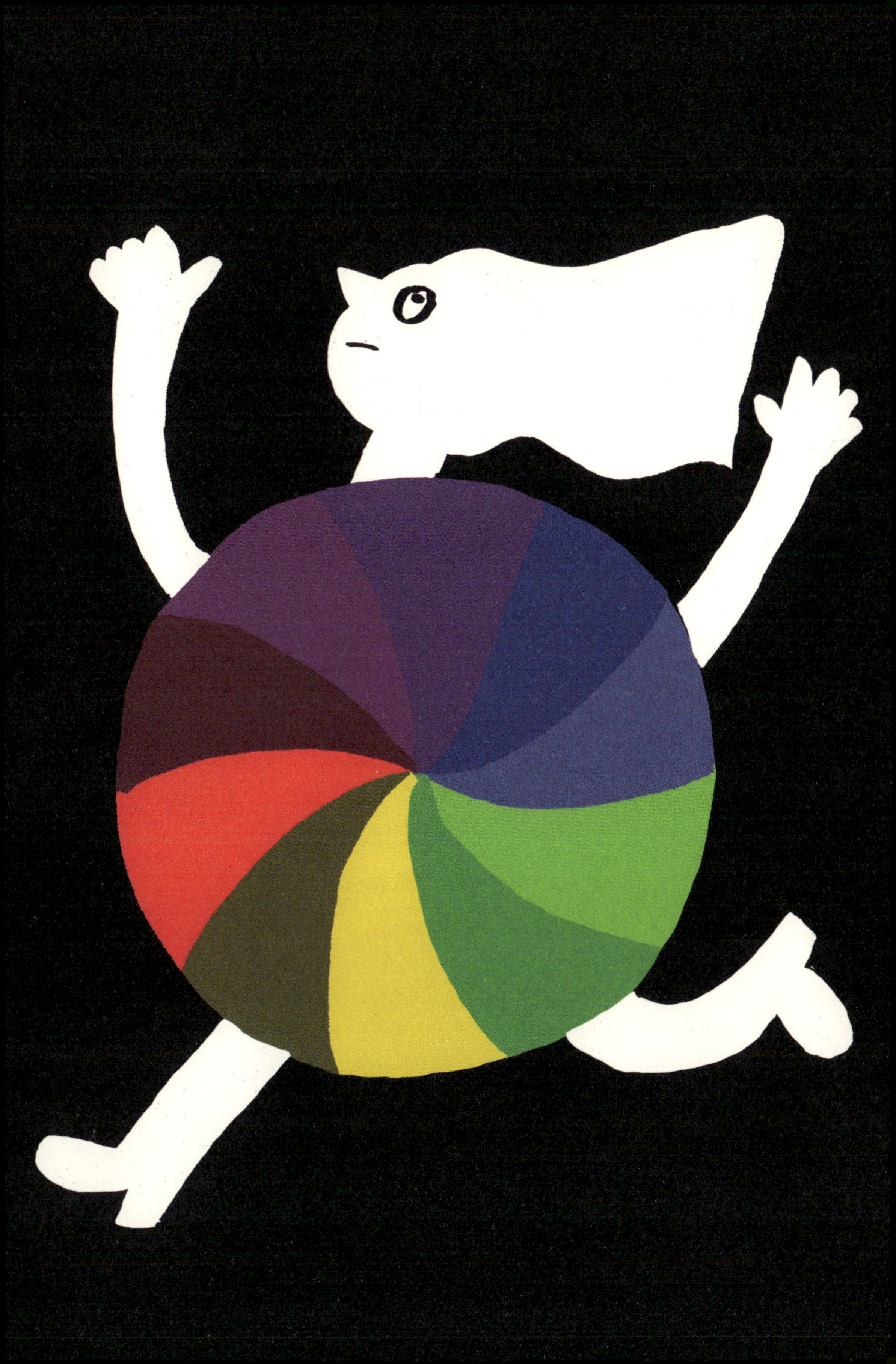

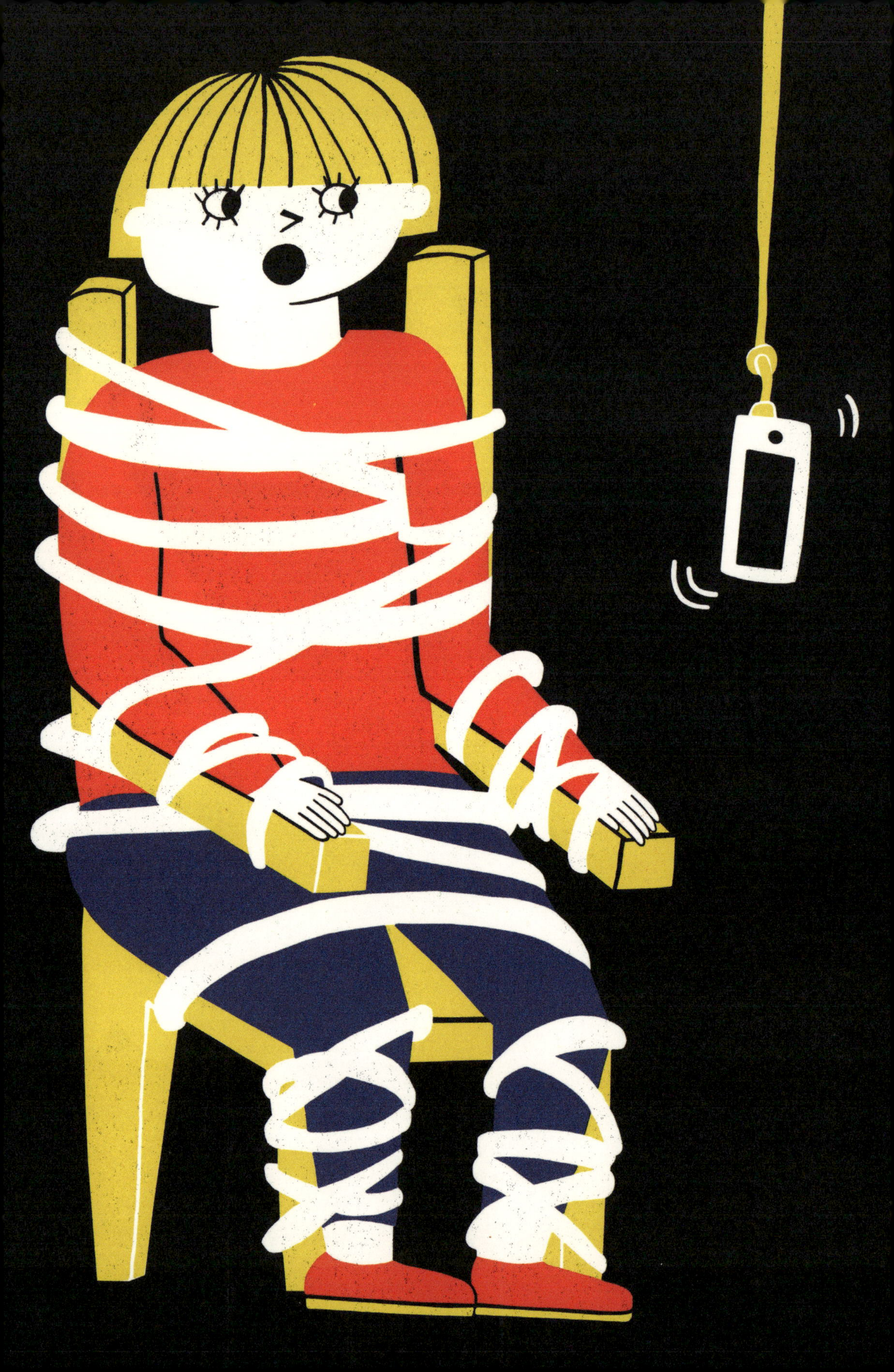

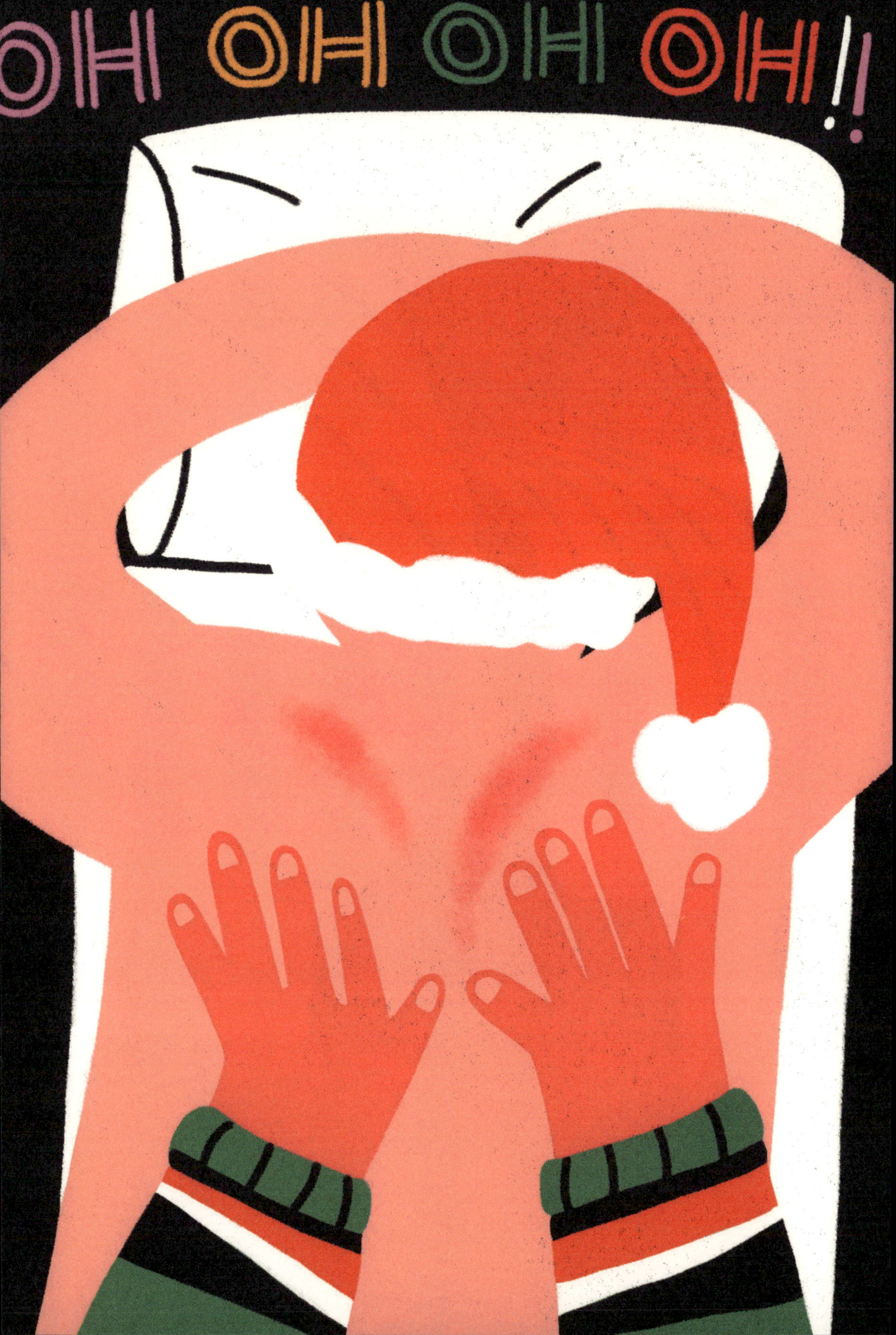
OH OH OH OH!!

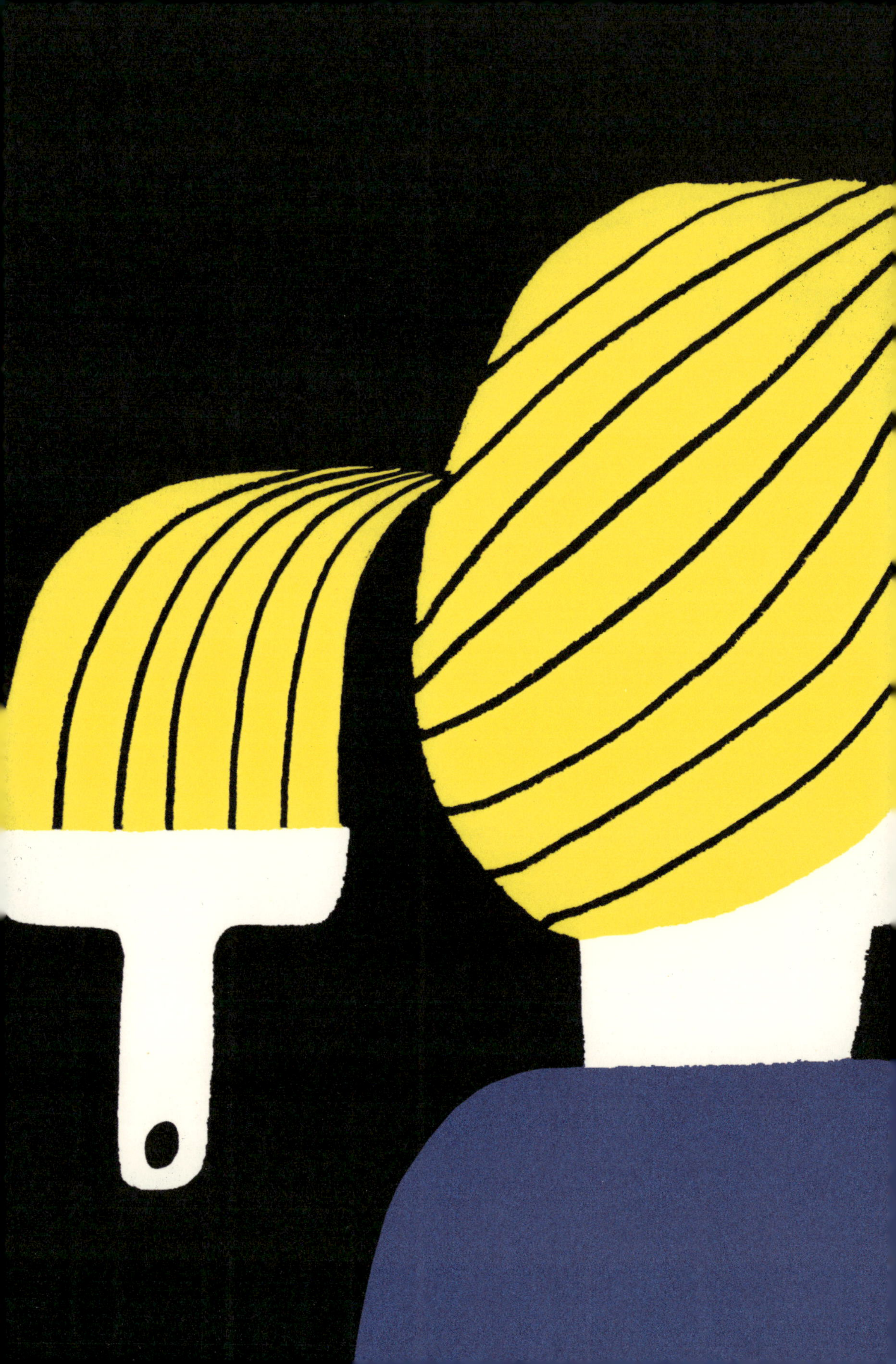

R: 255
G: 0
B: 0

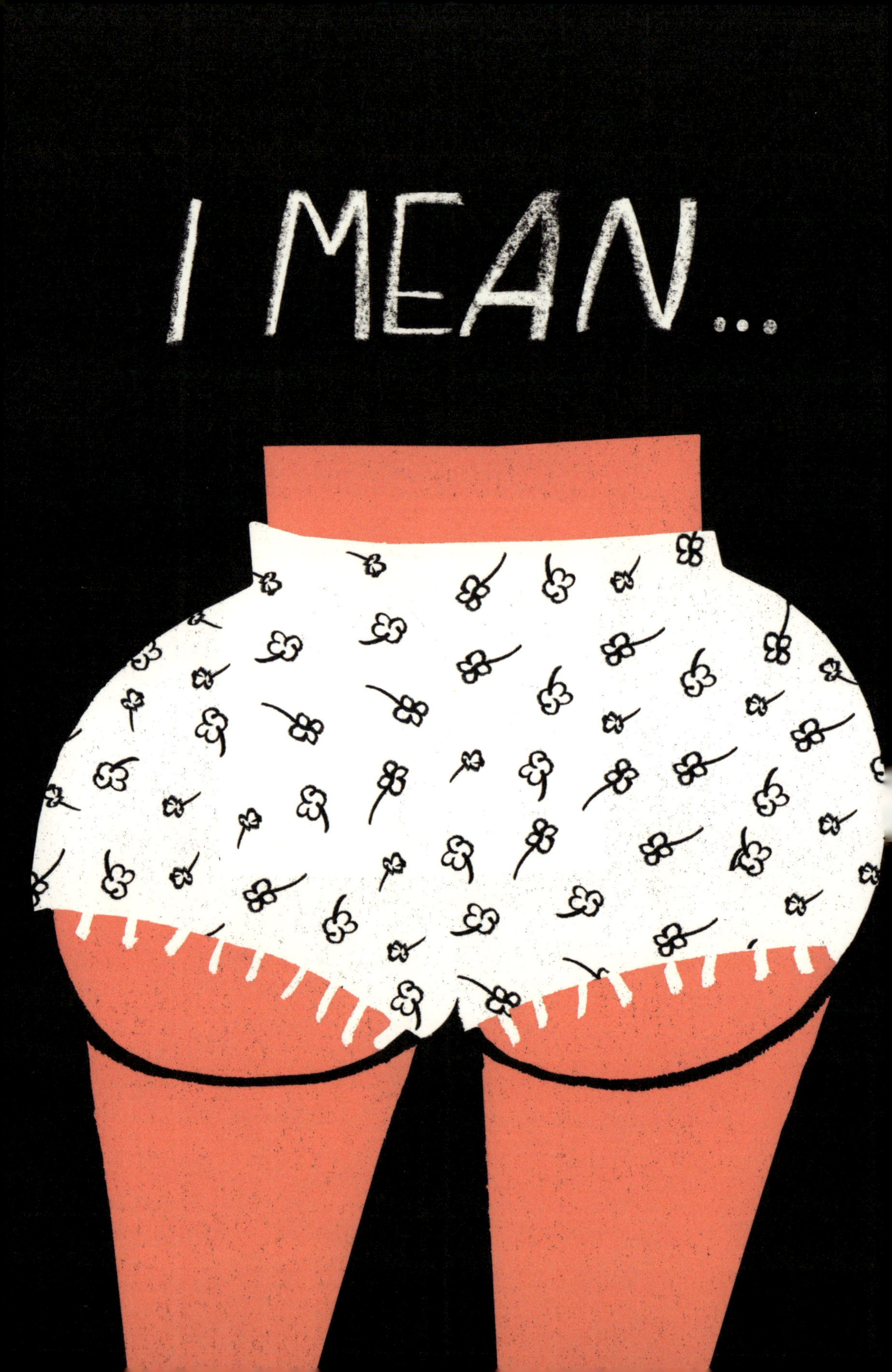
I MEAN...

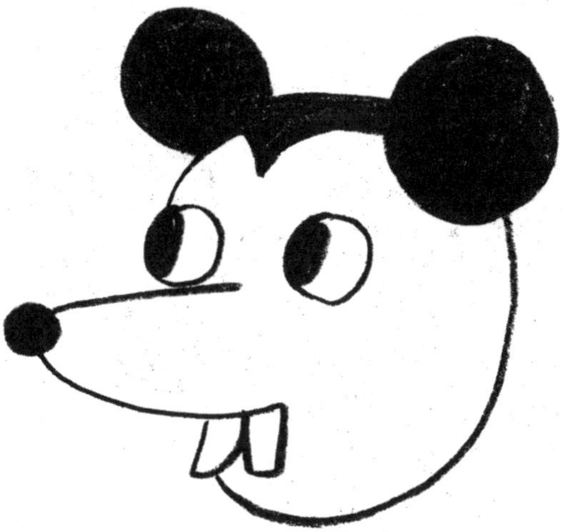

ANONYMOUS

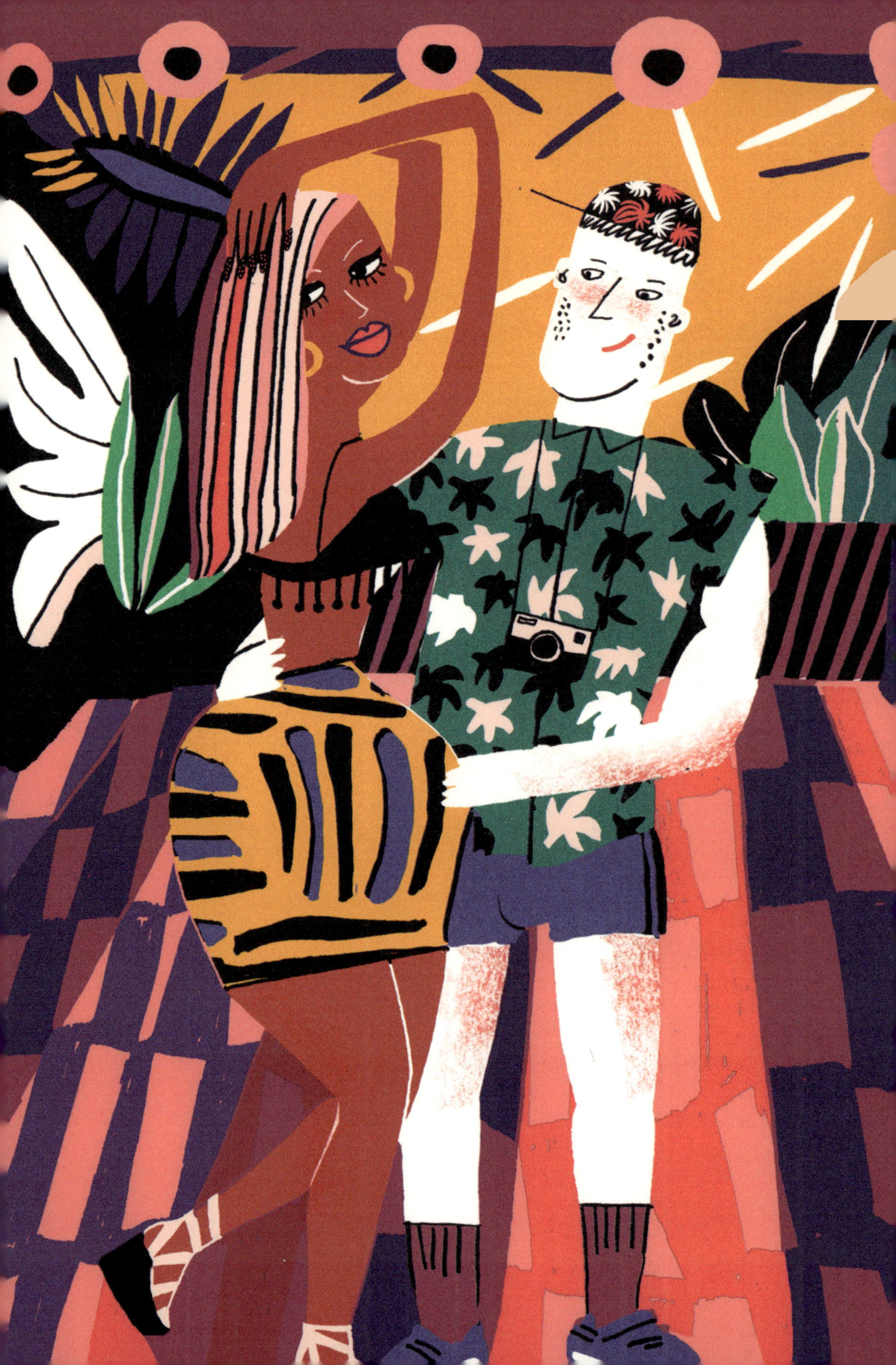

92

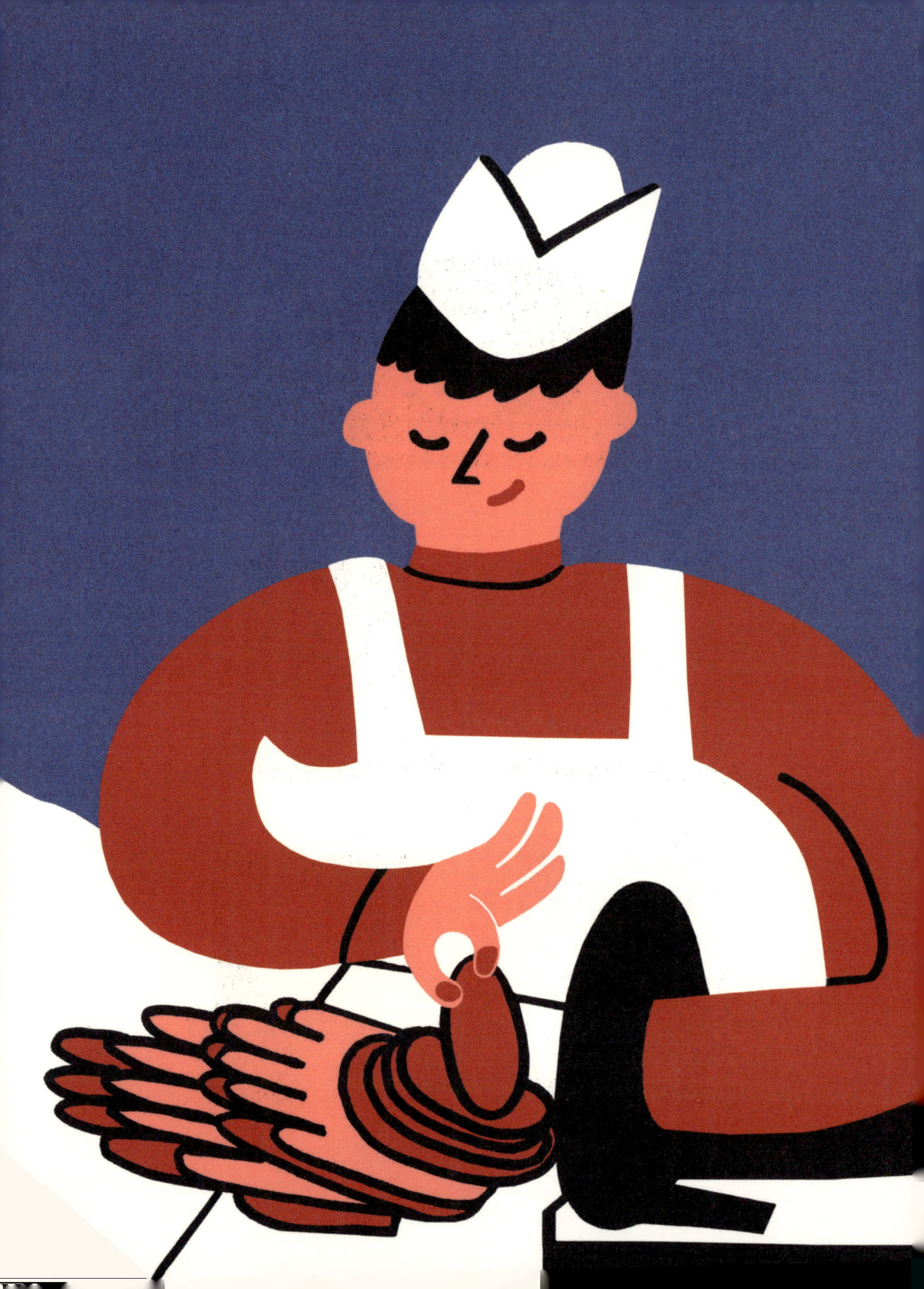

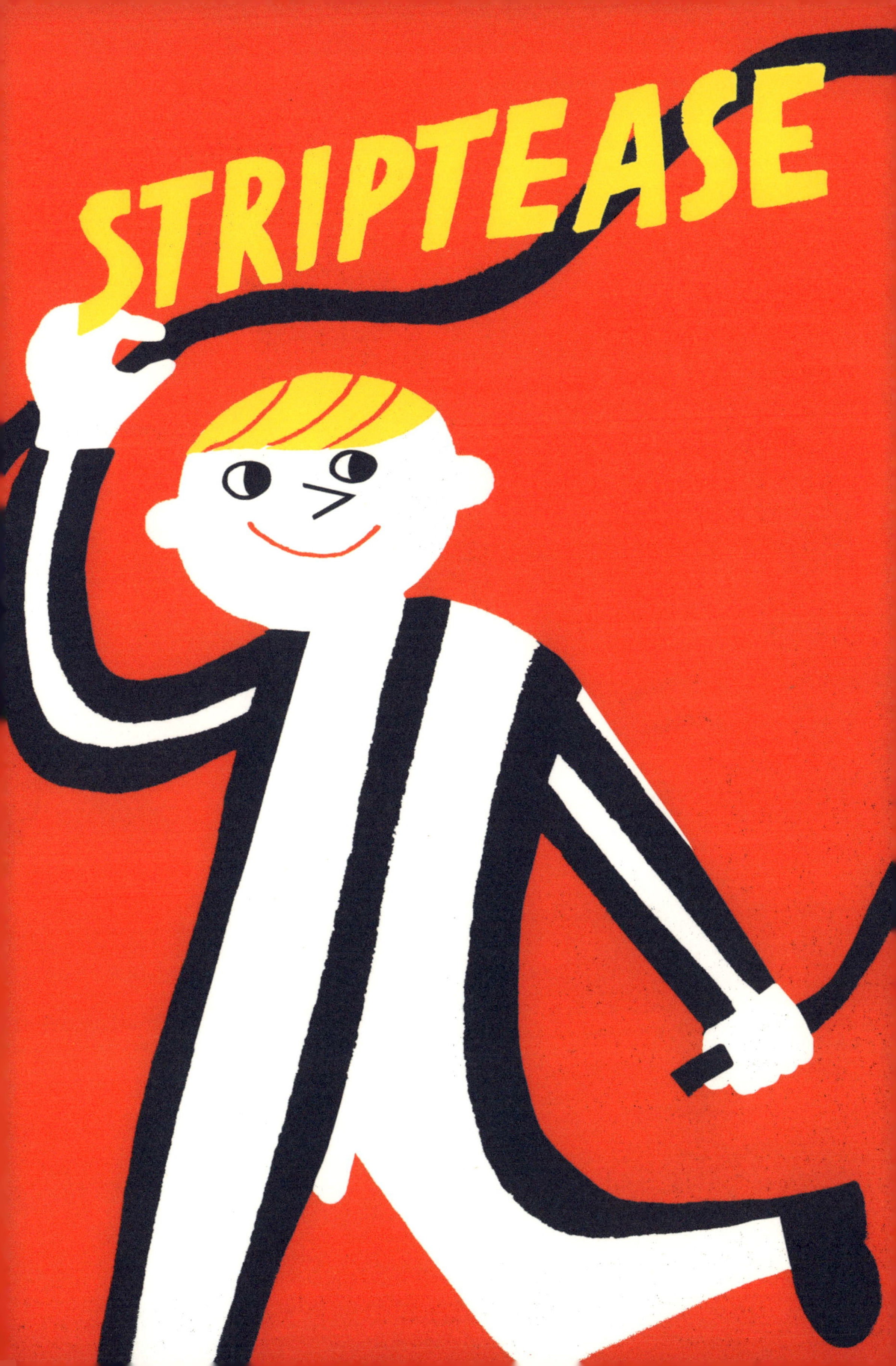
STRIPTEASE

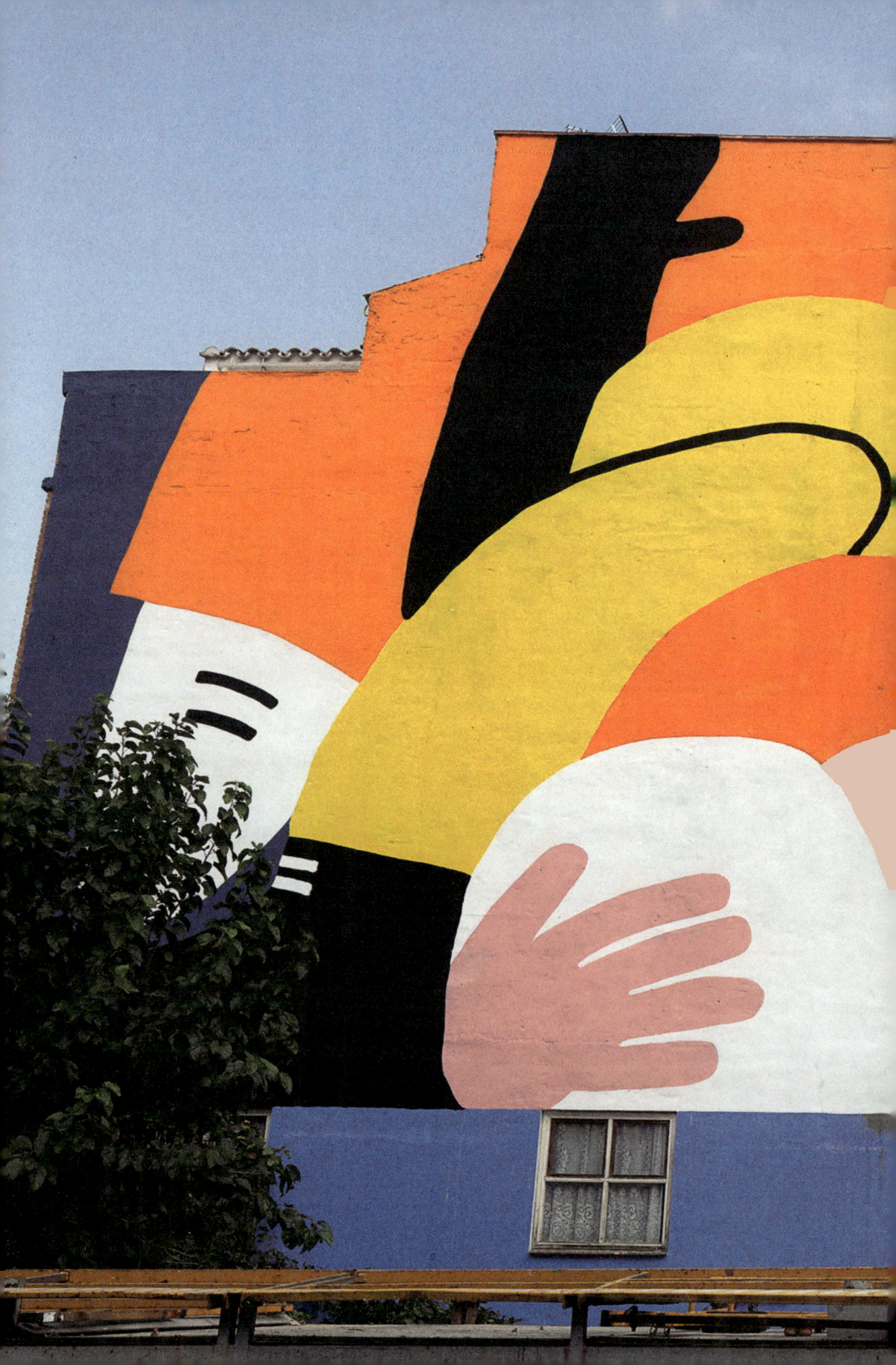

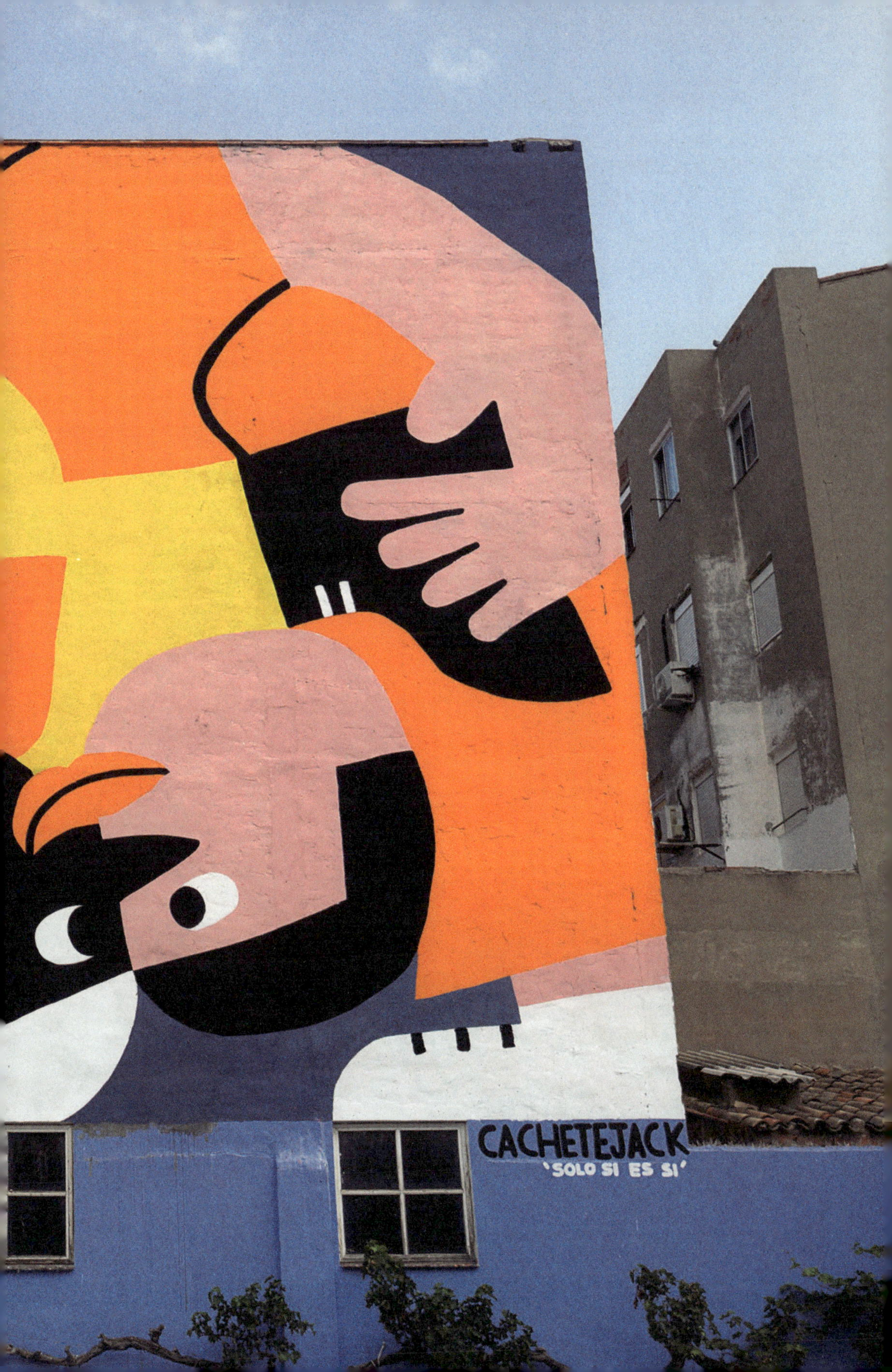
CACHETEJACK
'SOLO SI ES SI'

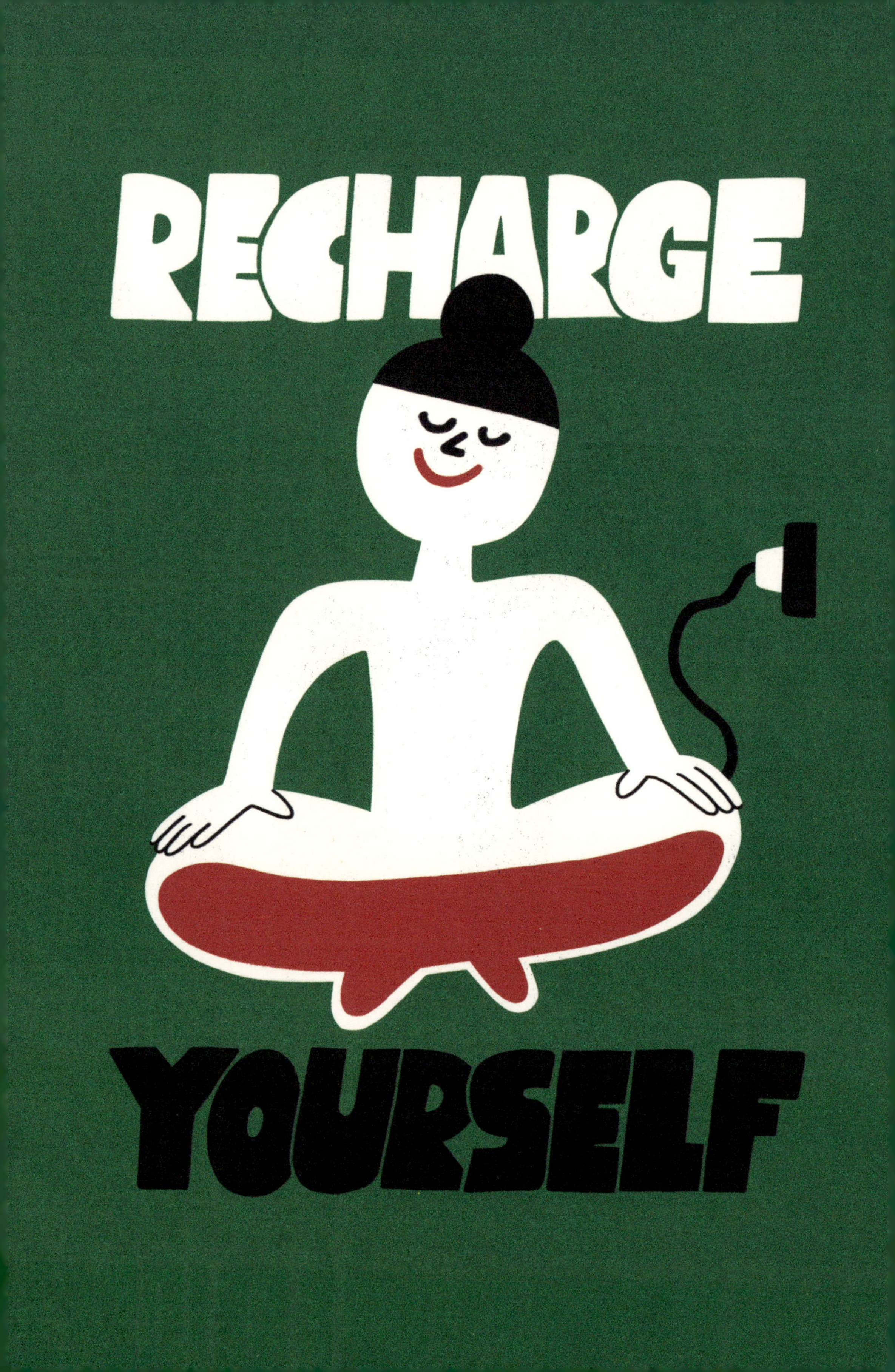
RECHARGE
YOURSELF

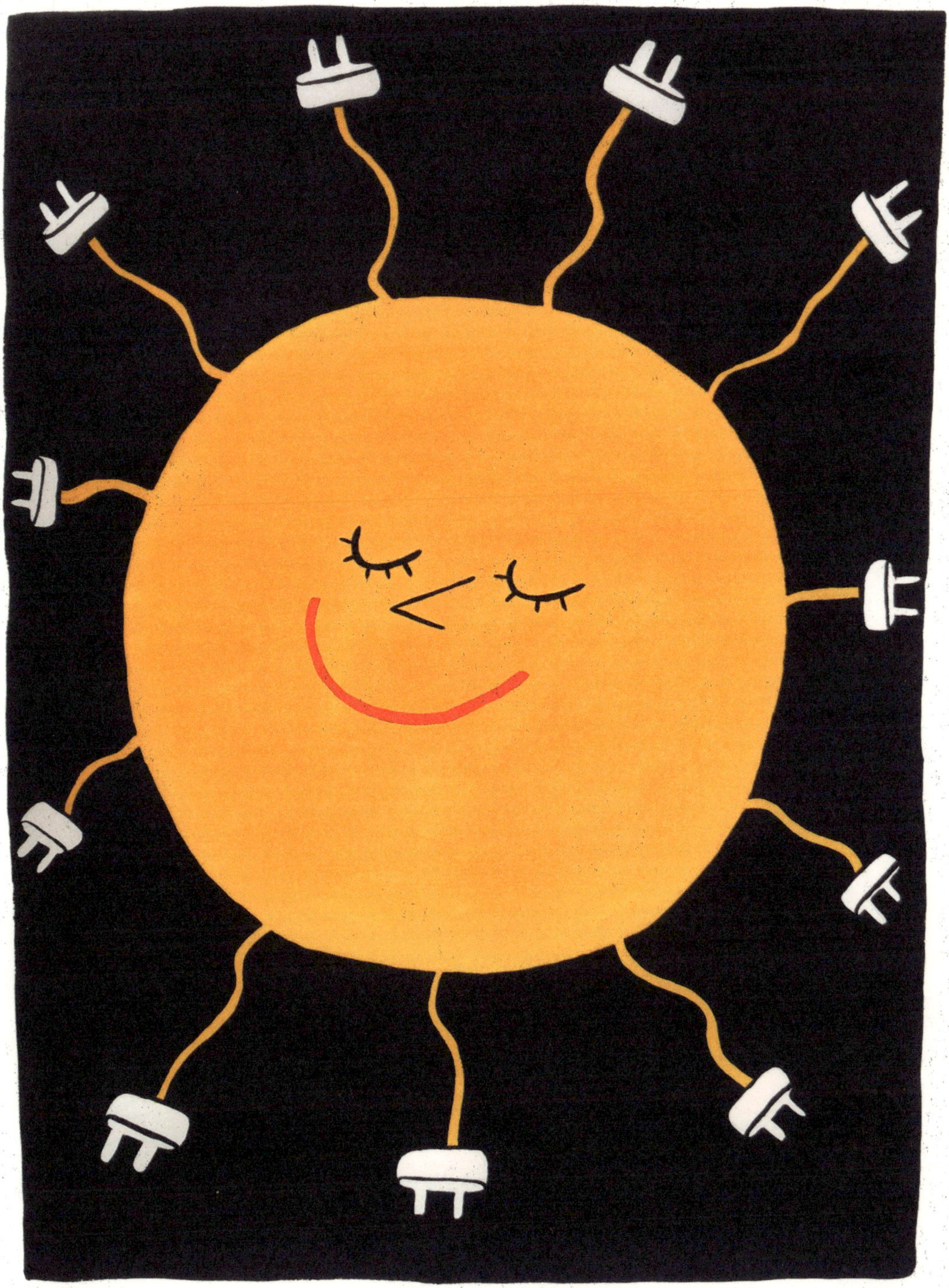

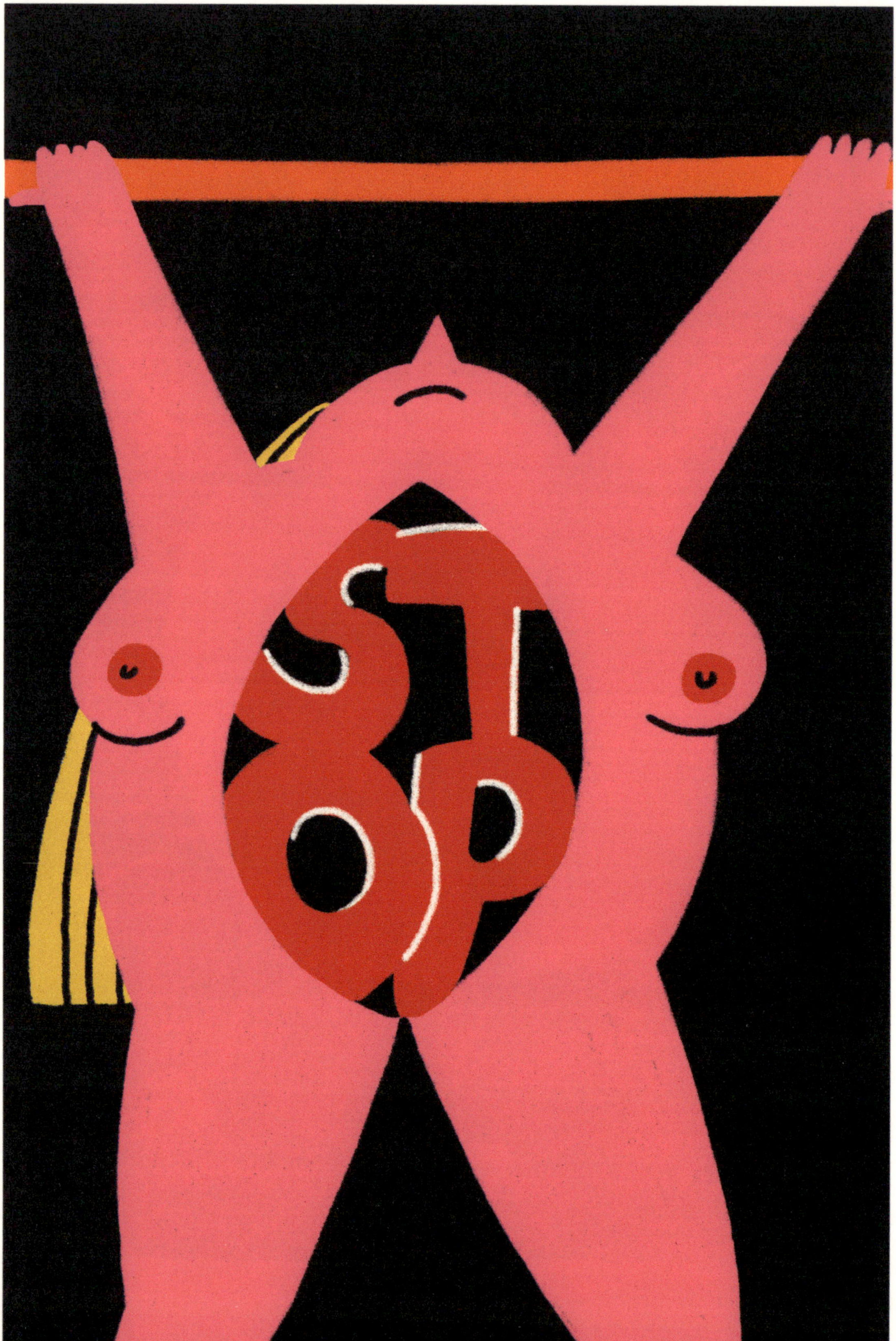
STOP

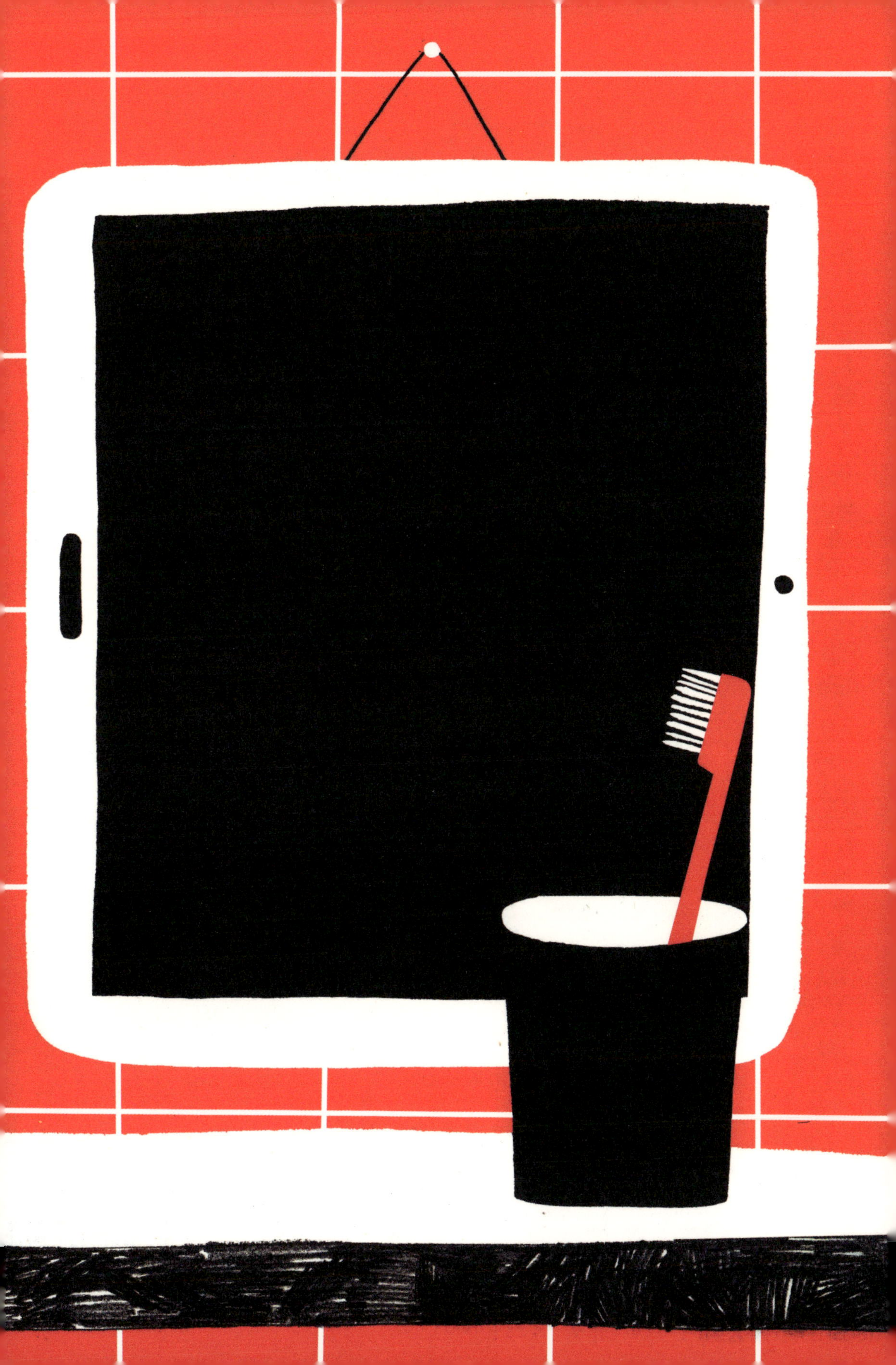

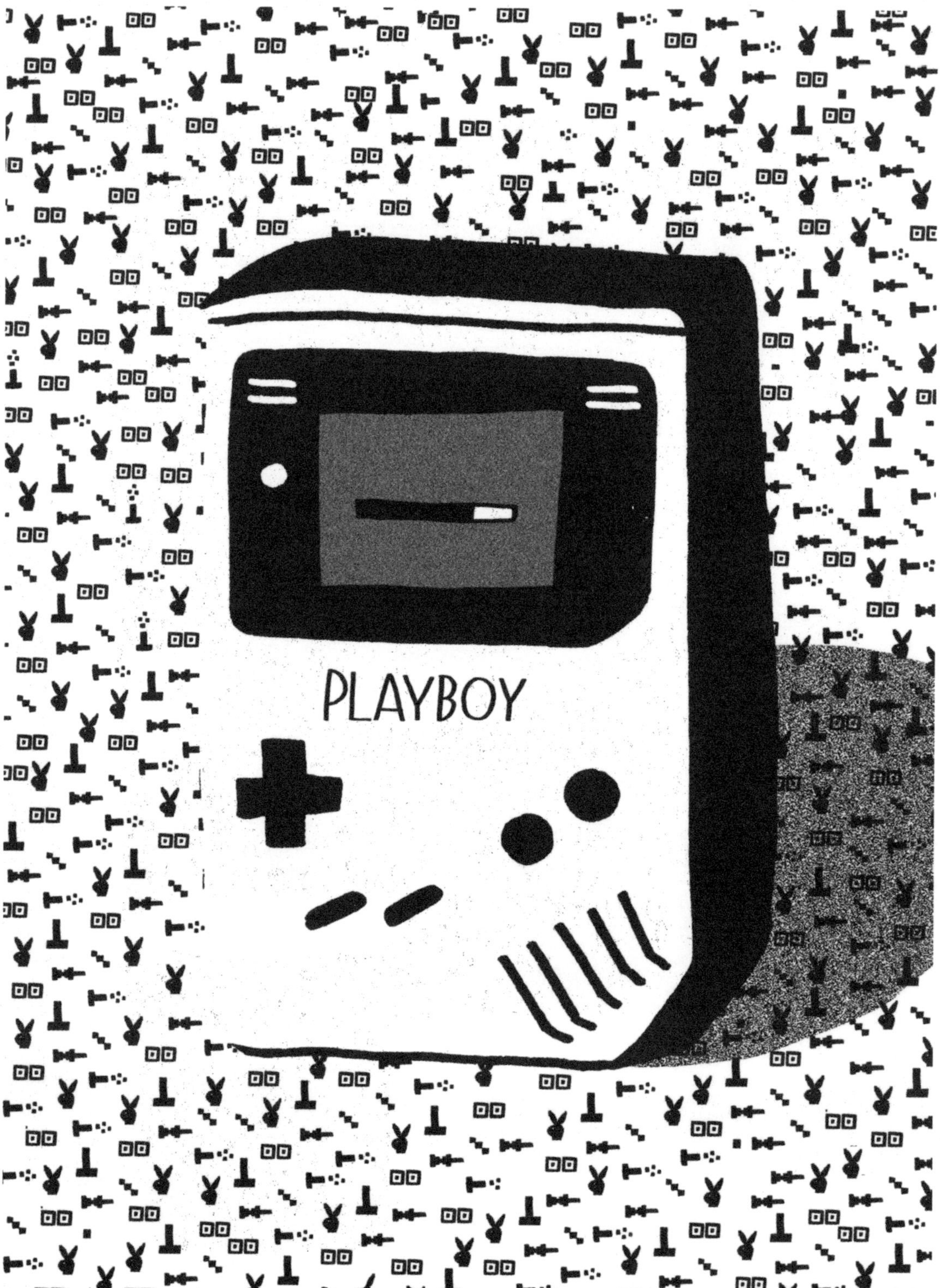
PLAYBOY

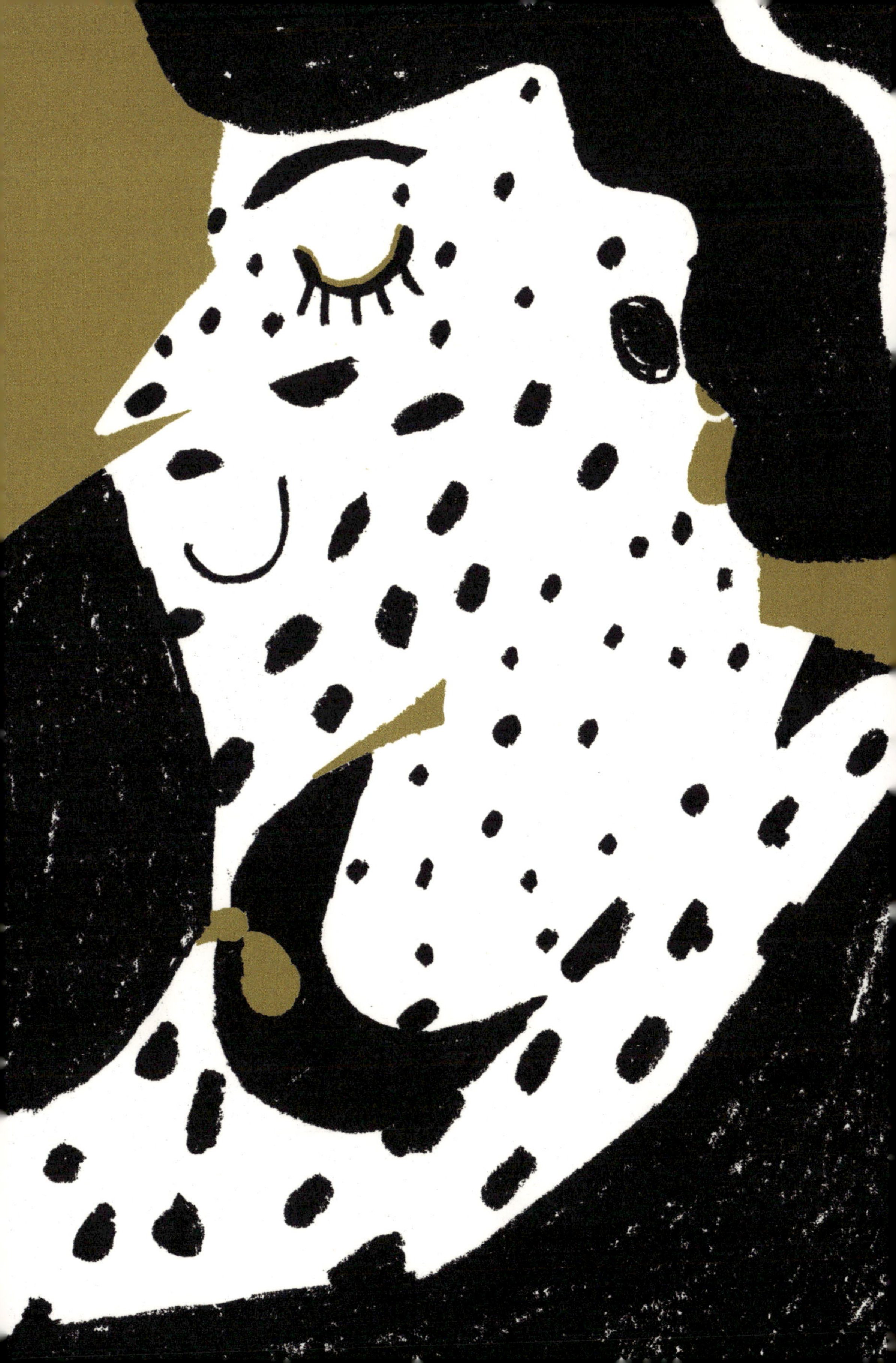

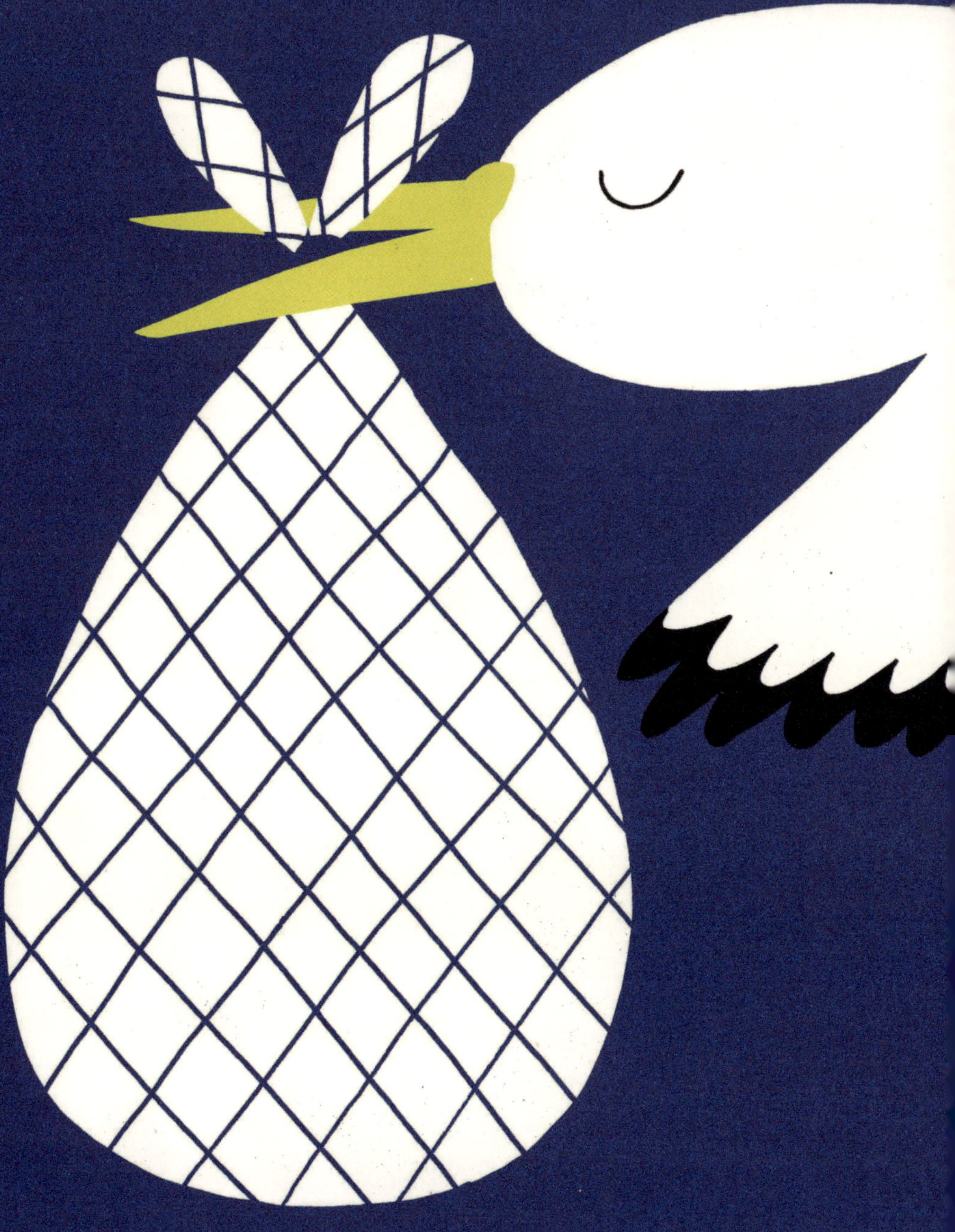

NETWORKING

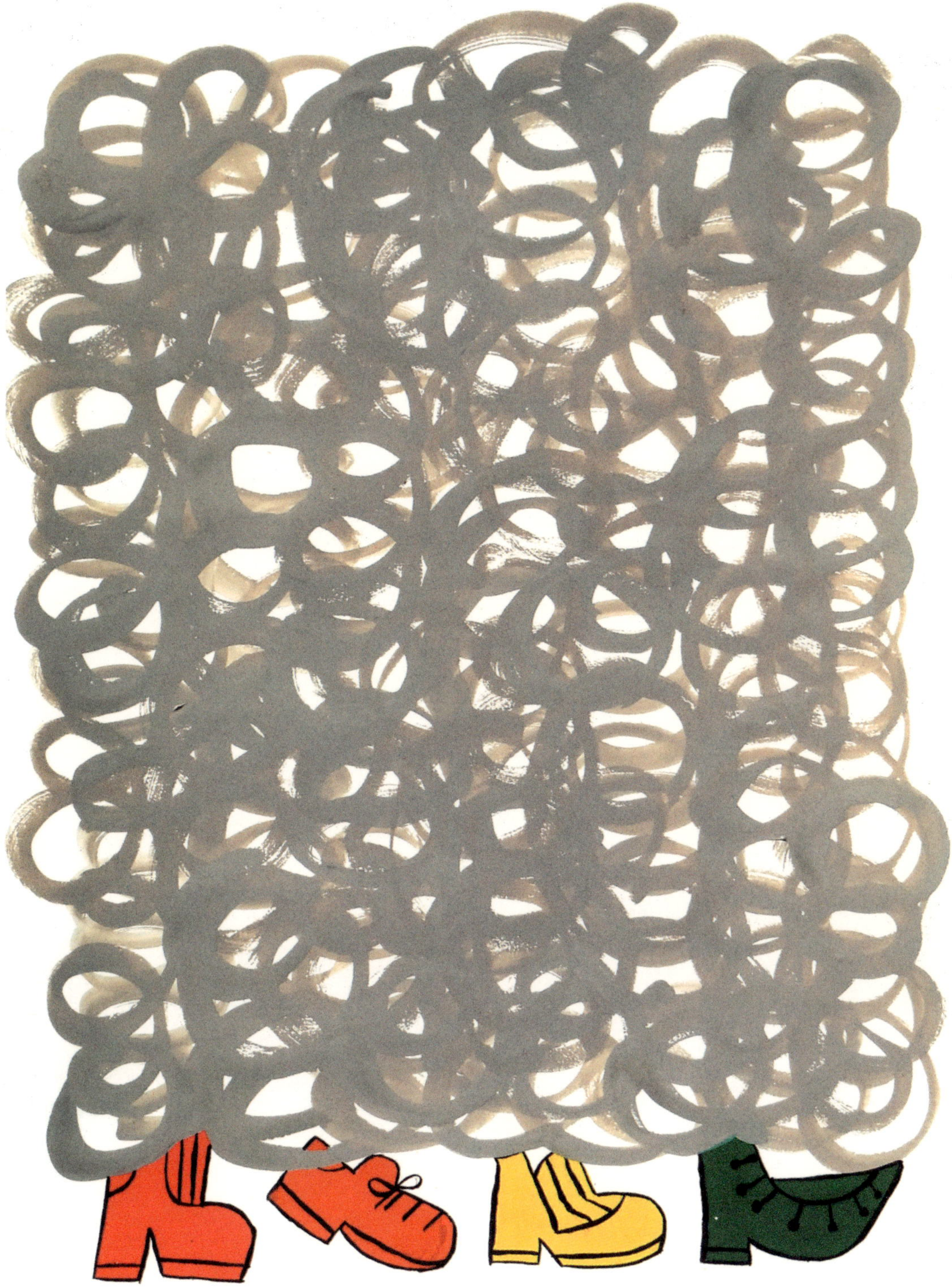

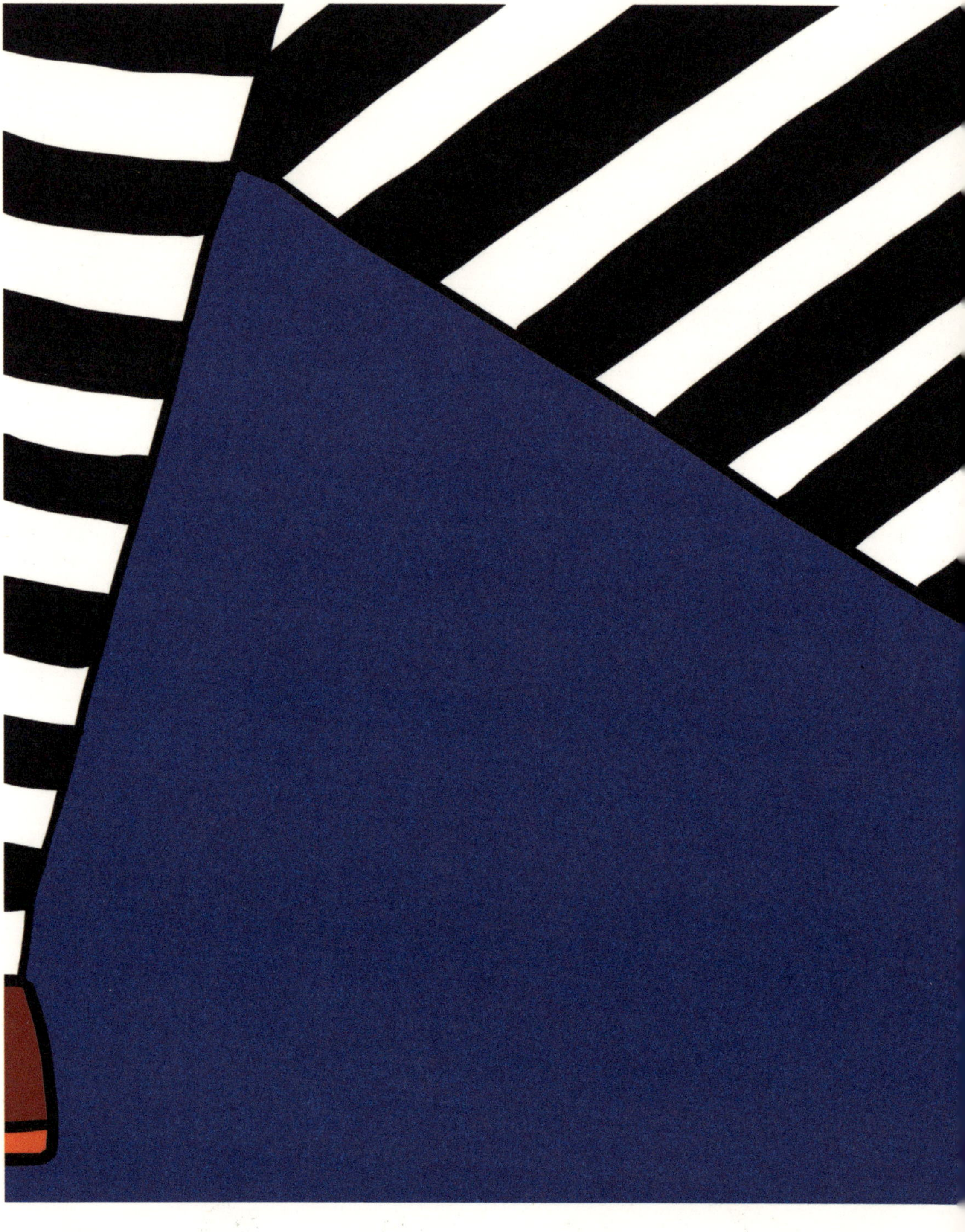

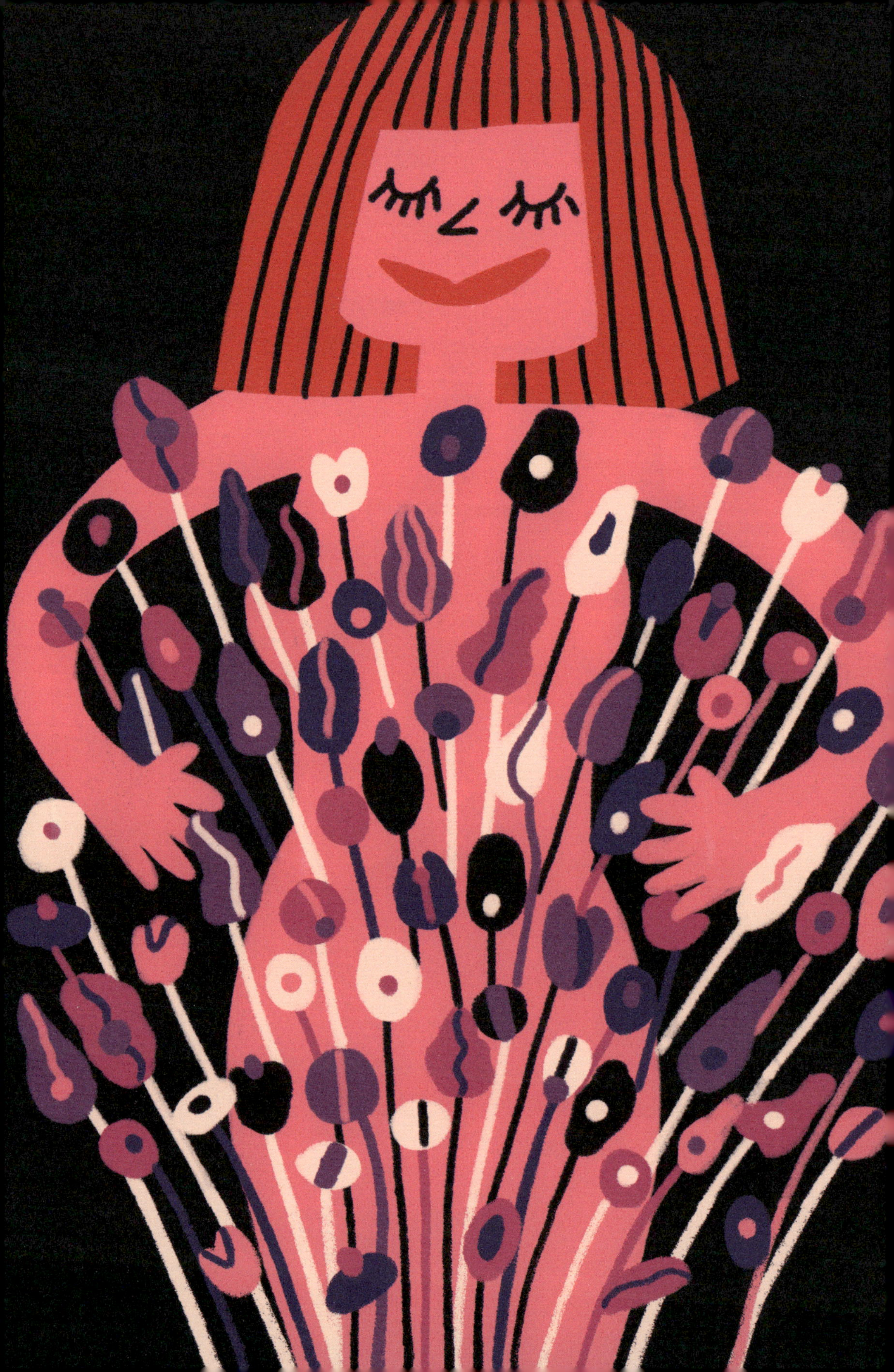

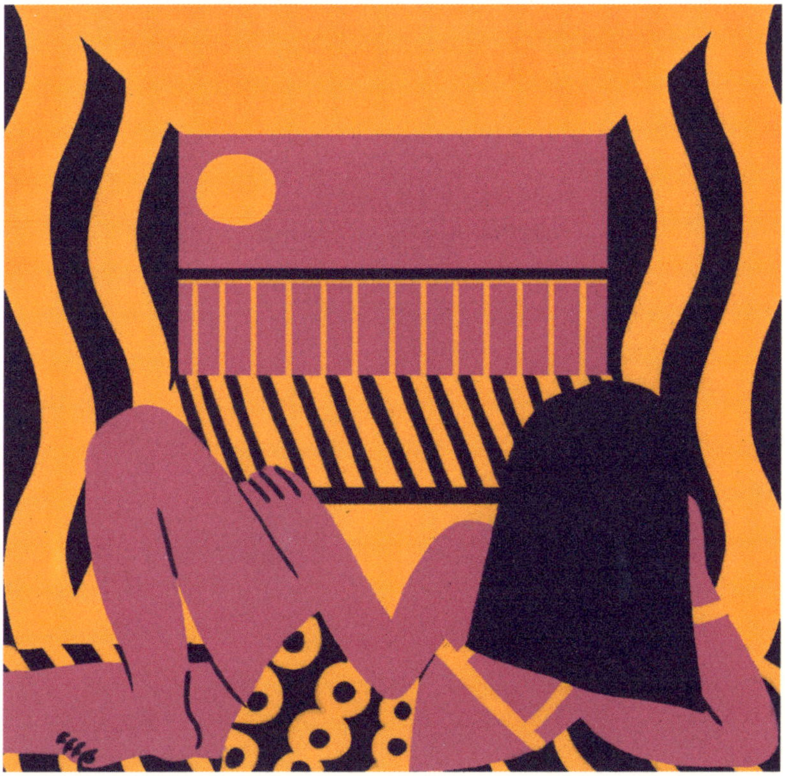

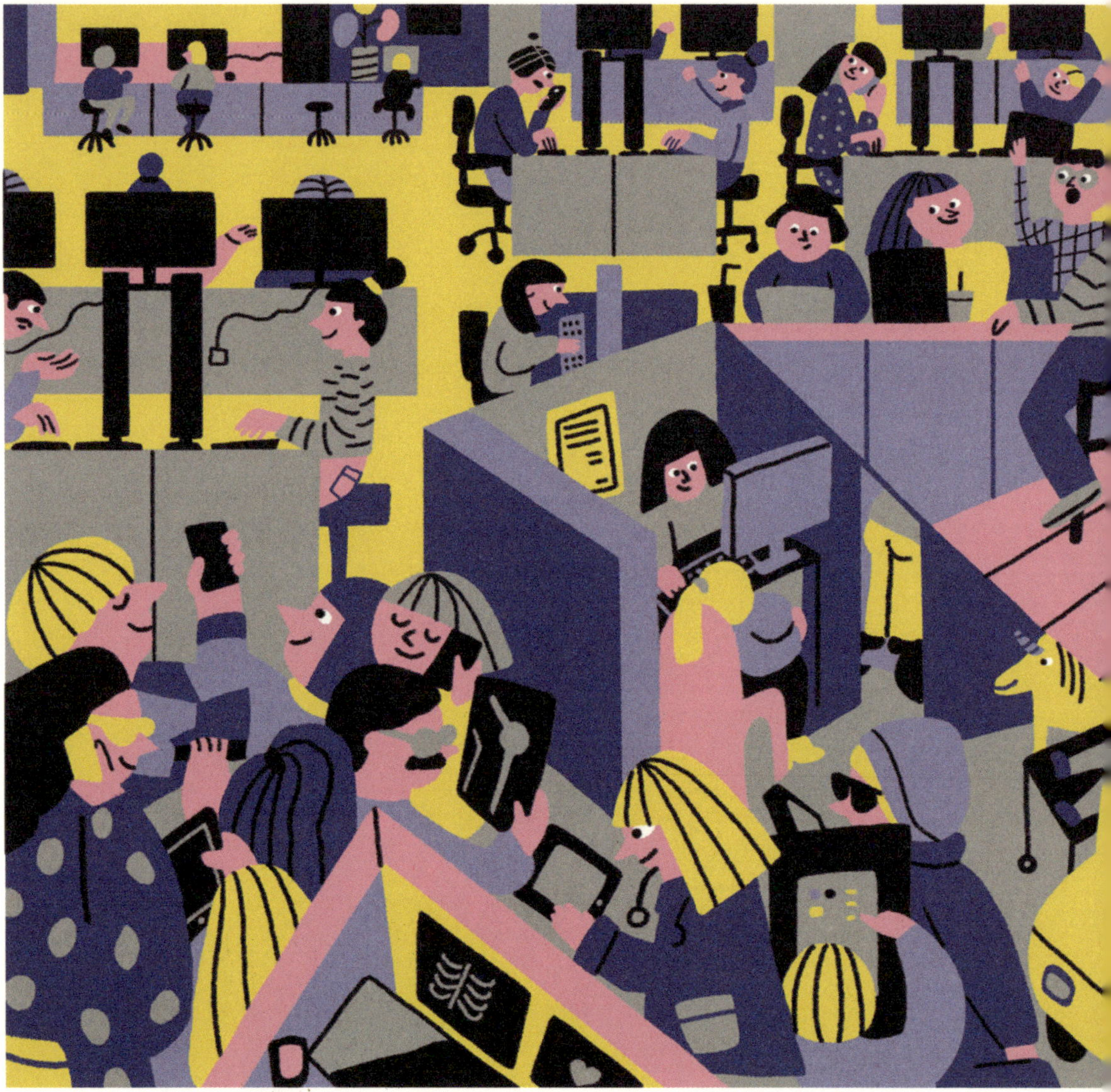

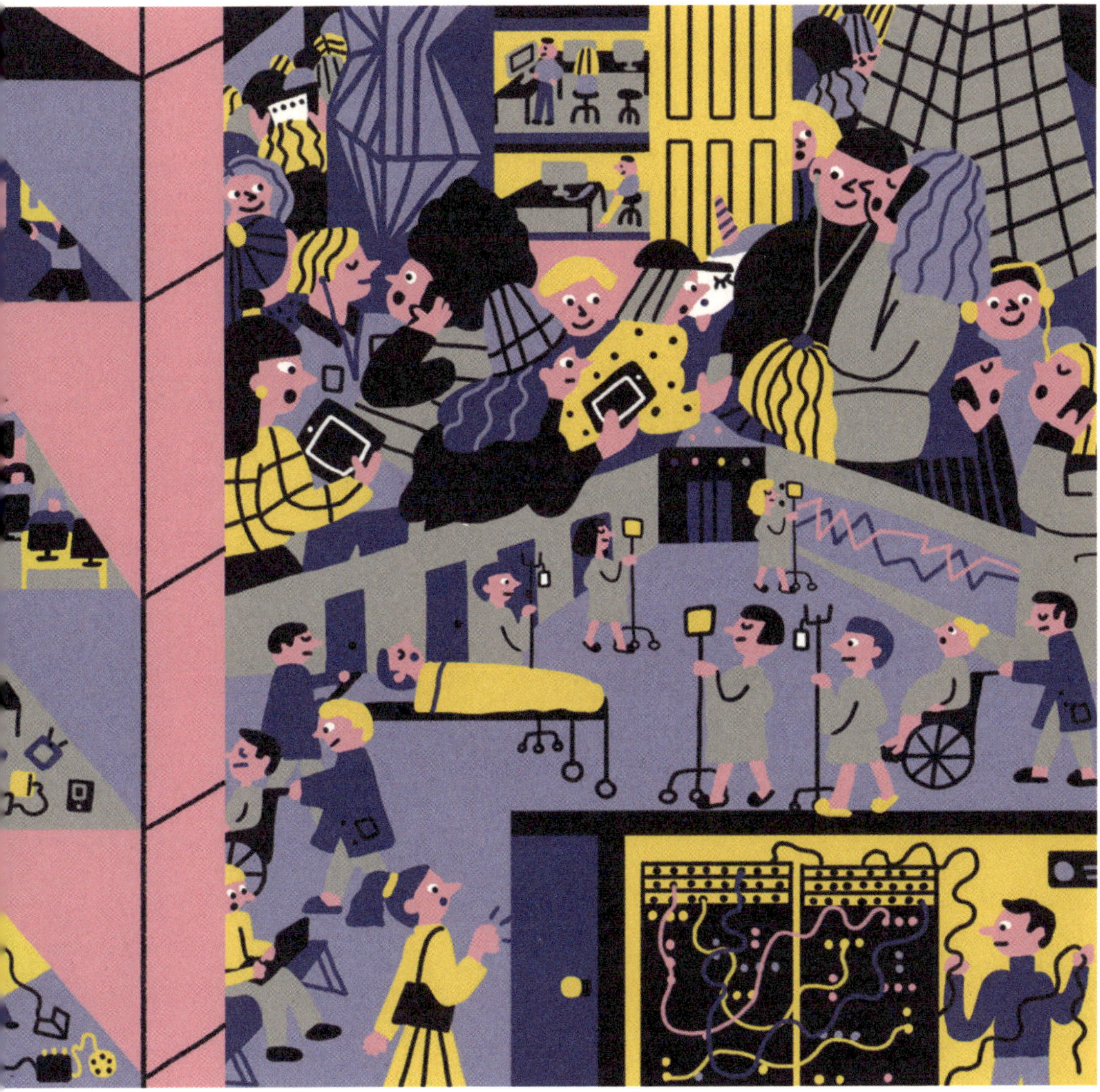

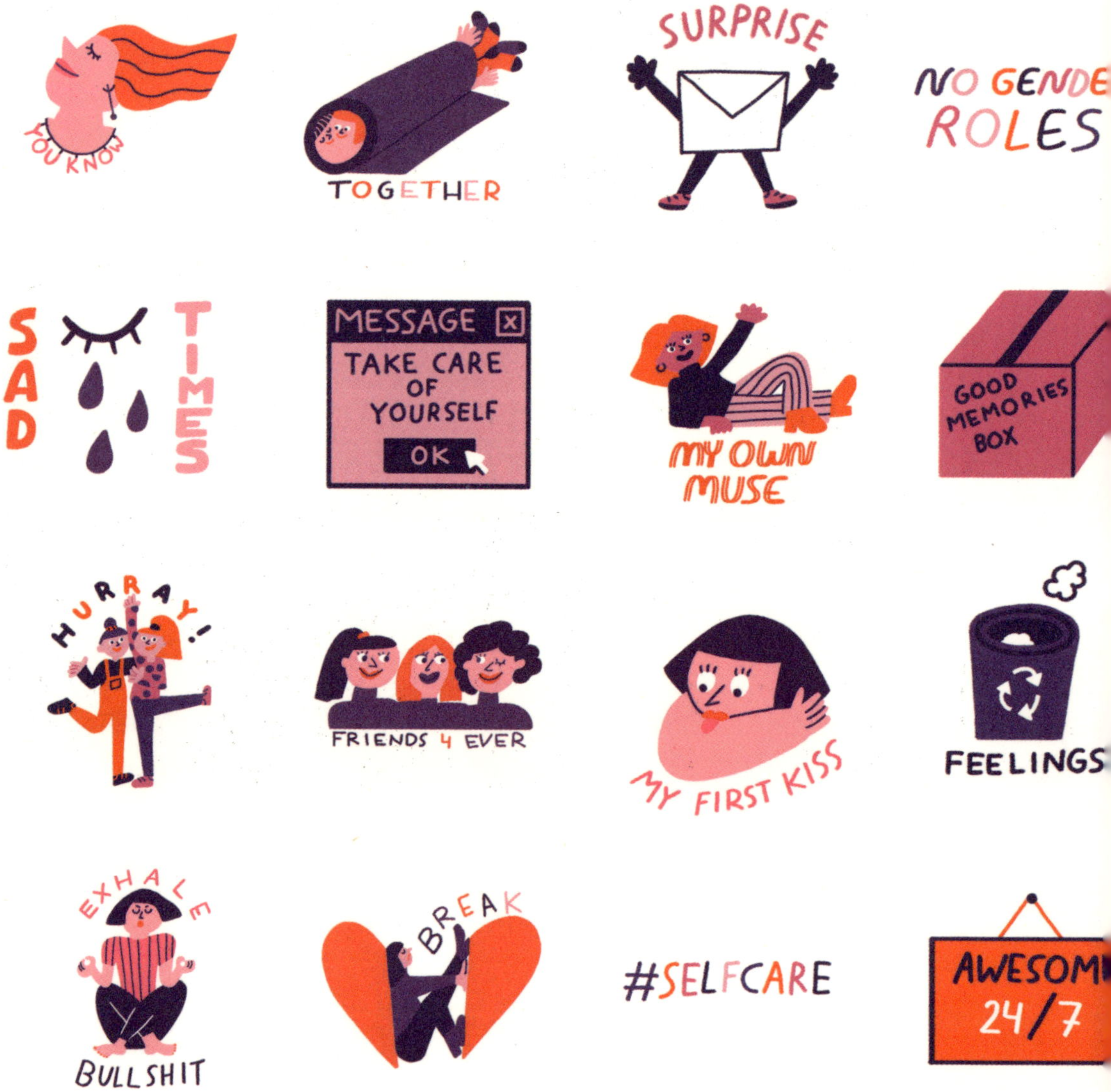
YOU KNOW
TOGETHER
SURPRISE
NO GENDE
ROLES
SAD
TIMES
MESSAGE
X
TAKE CARE OF YOURSELF
OK
MY OWN MUSE
GOOD MEMORIES BOX
HURRAY!
FRIENDS 4 EVER
MY FIRST KISS
FEELINGS
EXHALE
BULLSHIT
BREAK
#SELFCARE
AWESOM
24/7

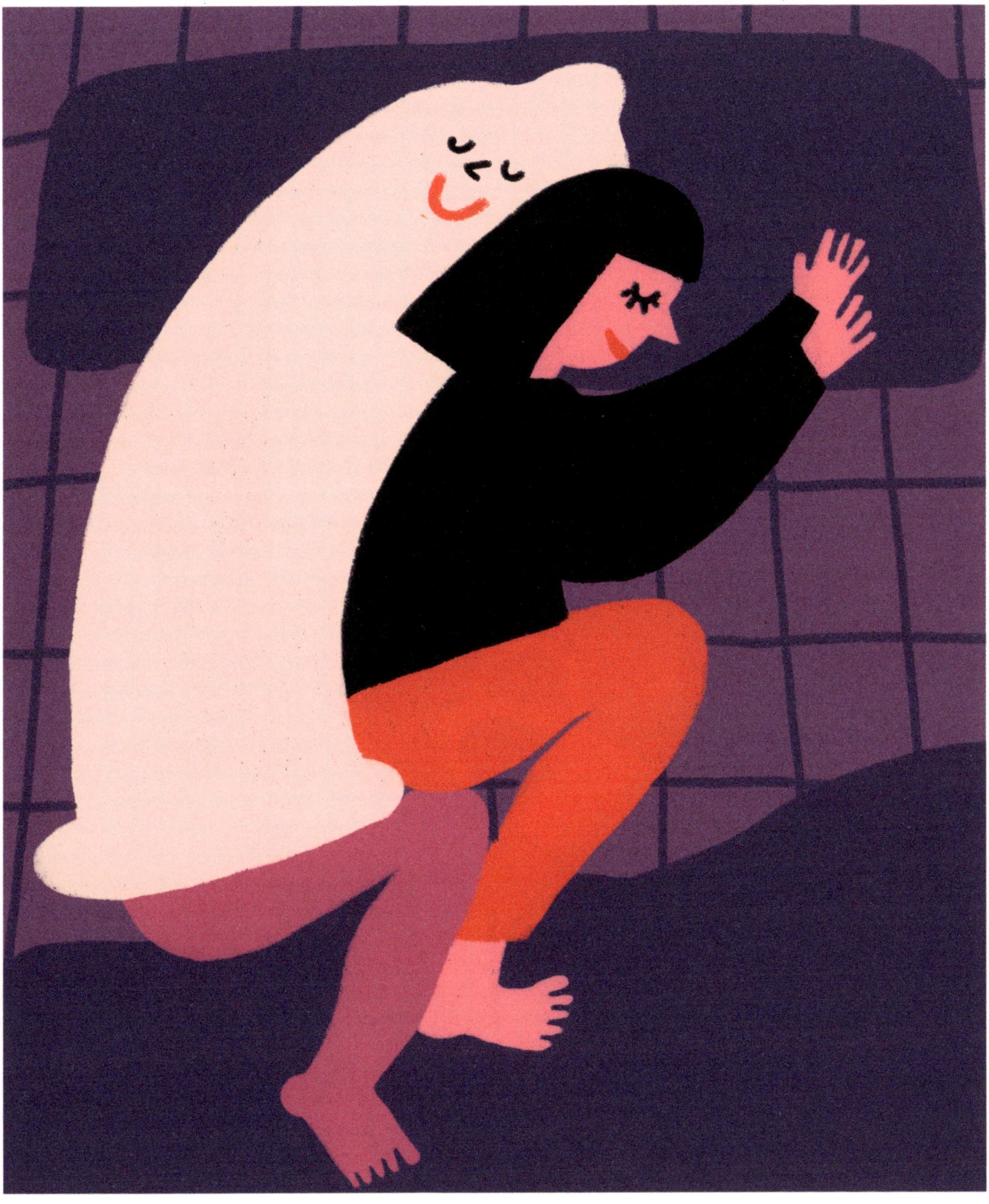

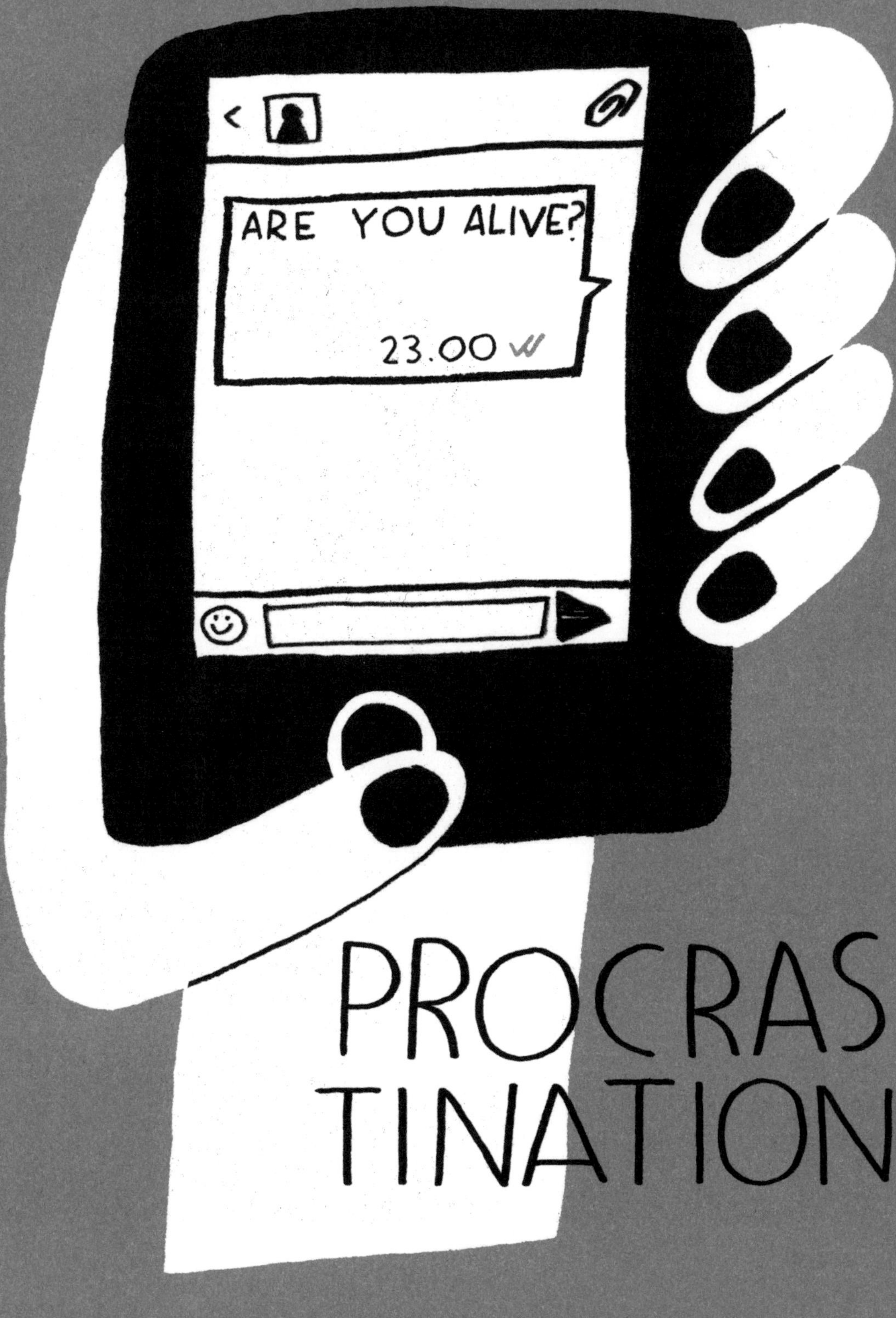
ARE YOU ALIVE?
23.00
PROCRAS
TINATION

THAT'S LIFE

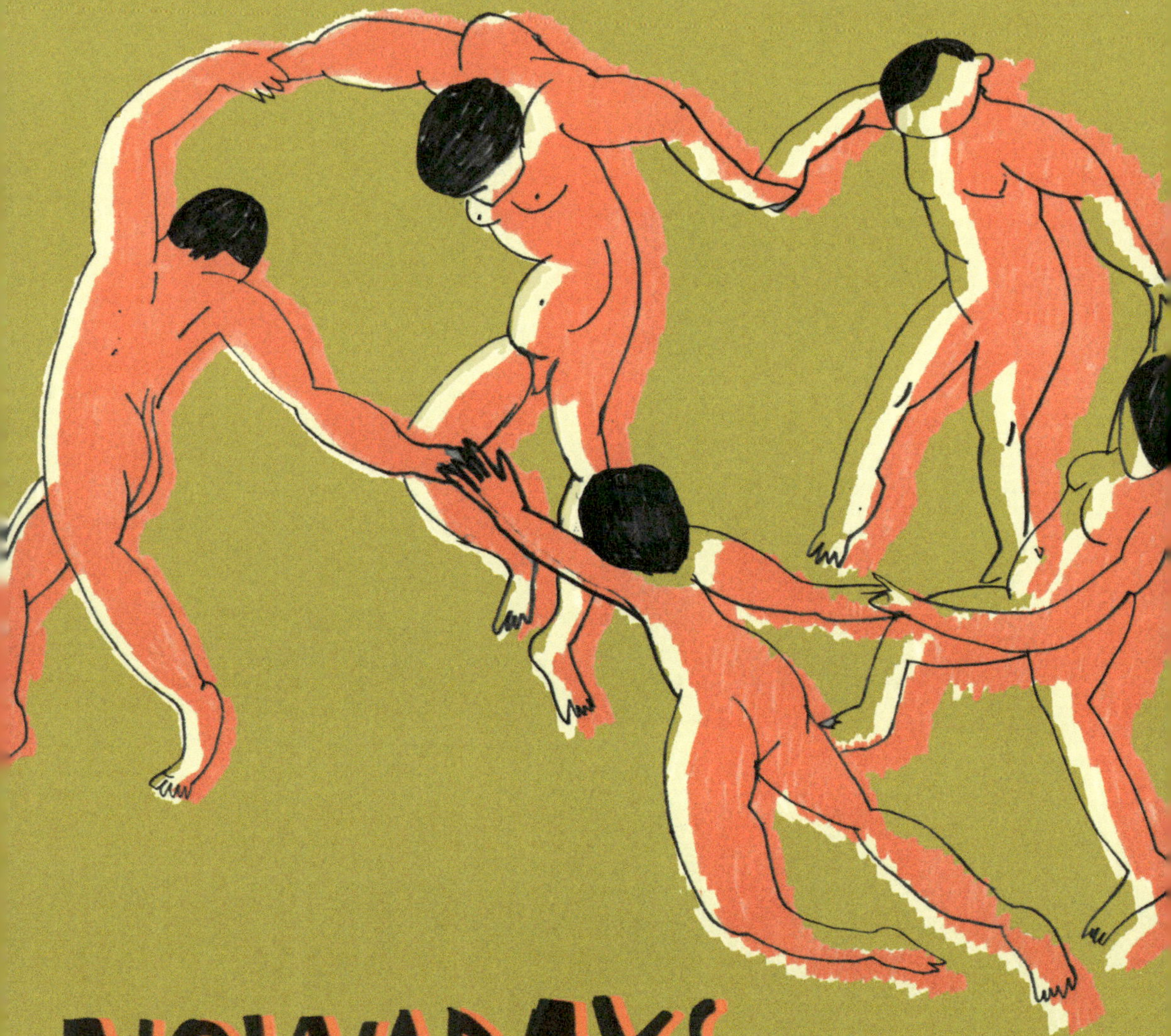

NOWADAYS IT DOESN'T HAPPEN AT DISCO

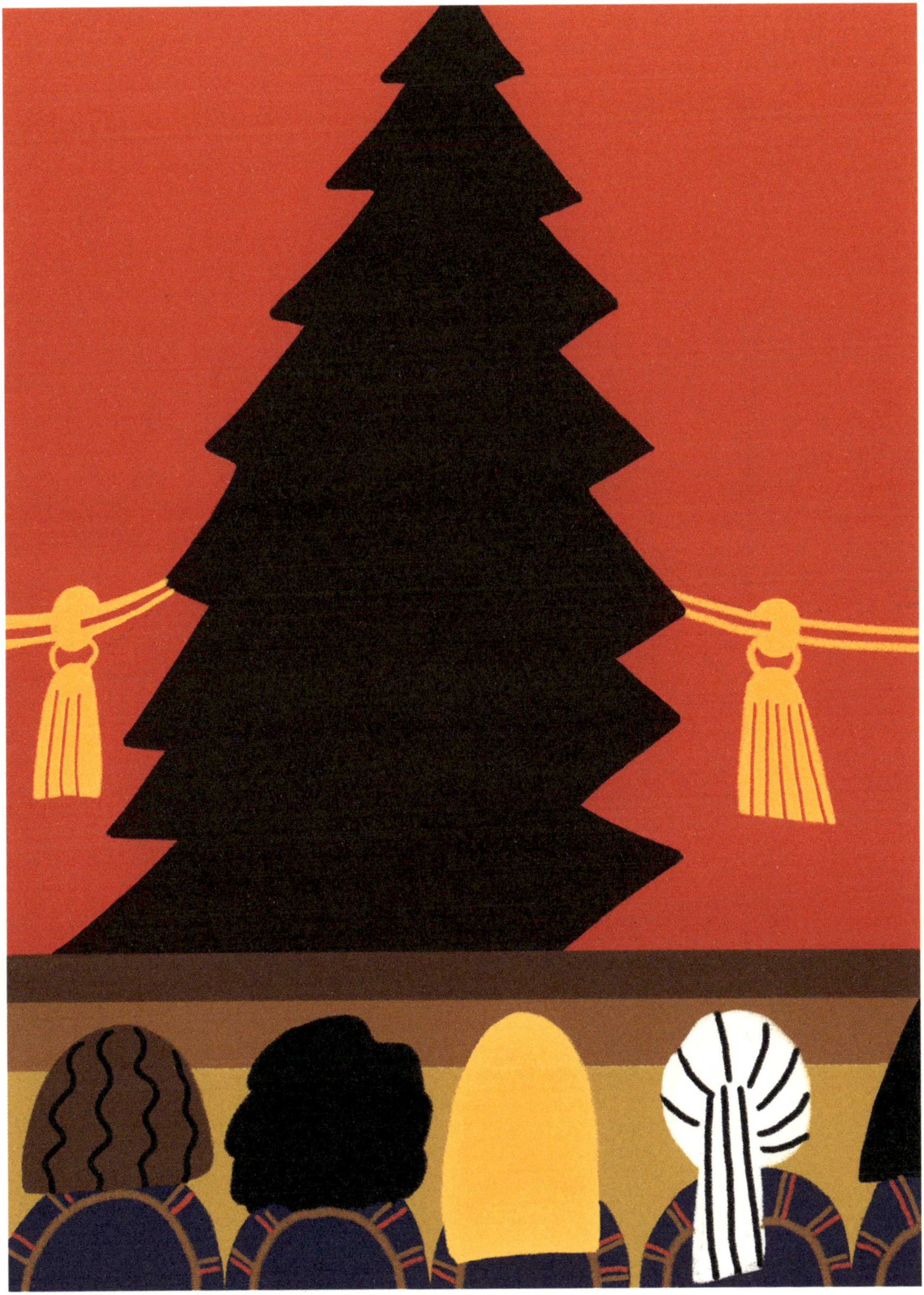

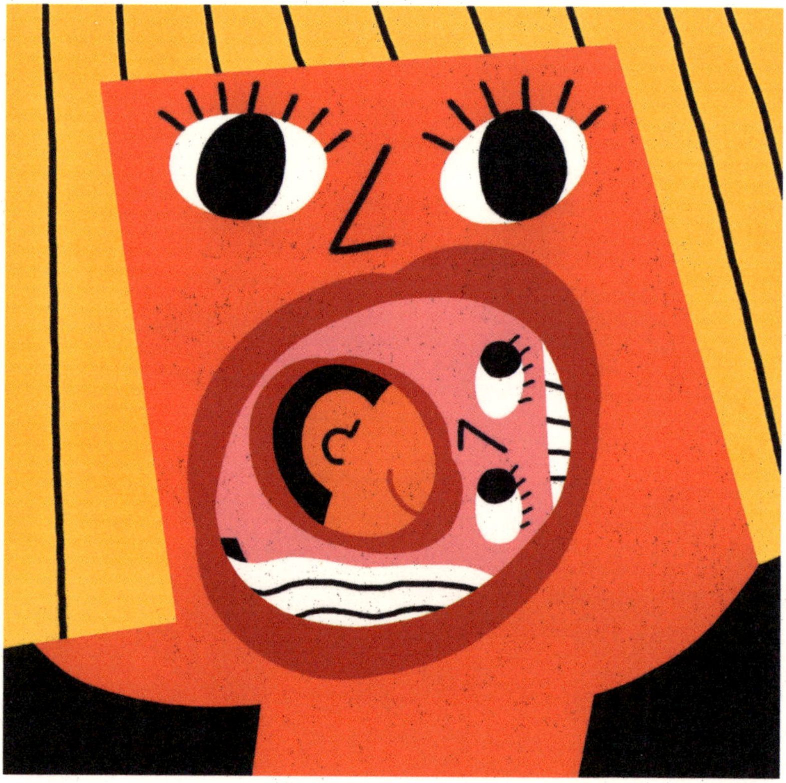

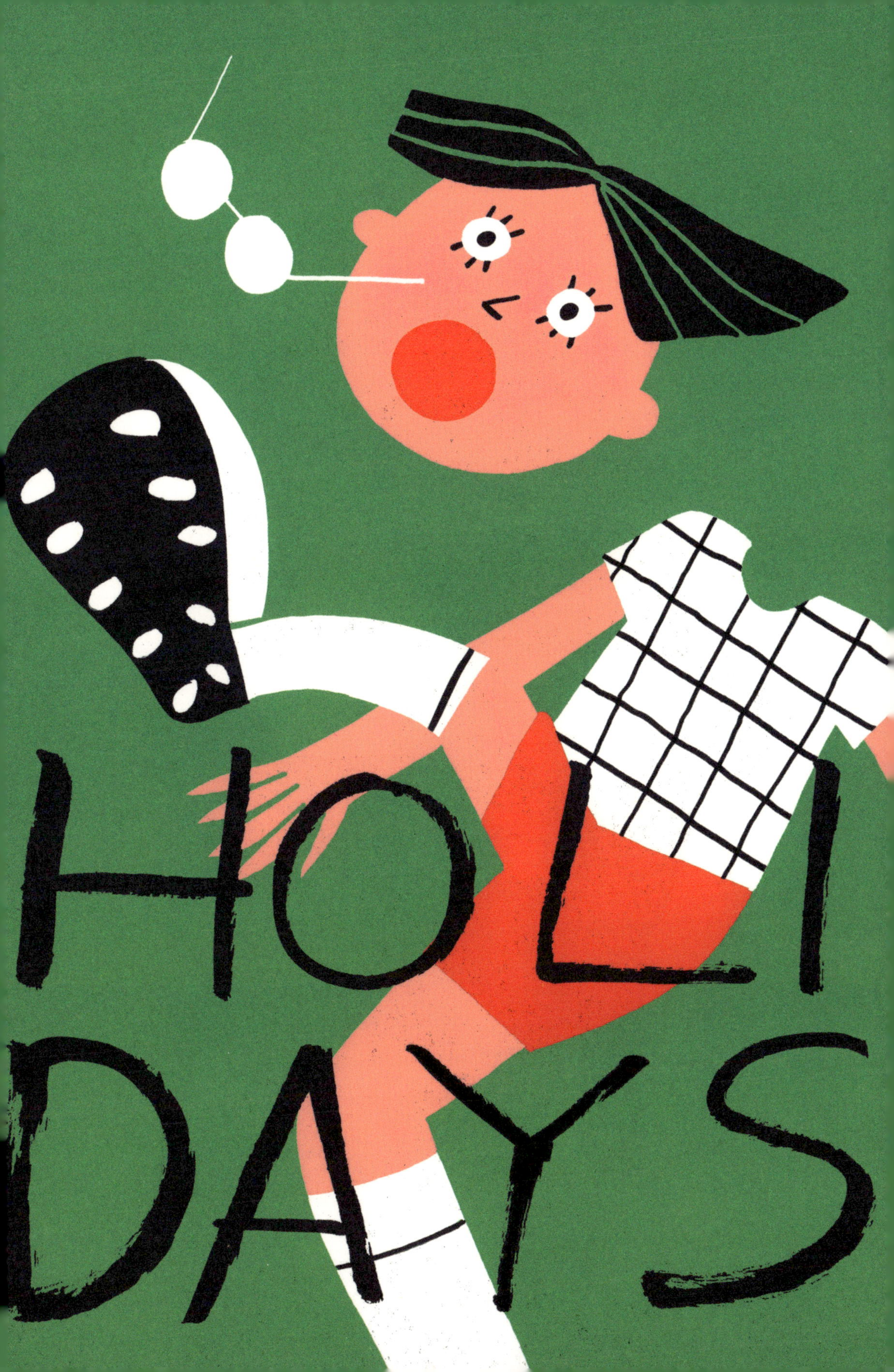
HOLI
DAYS

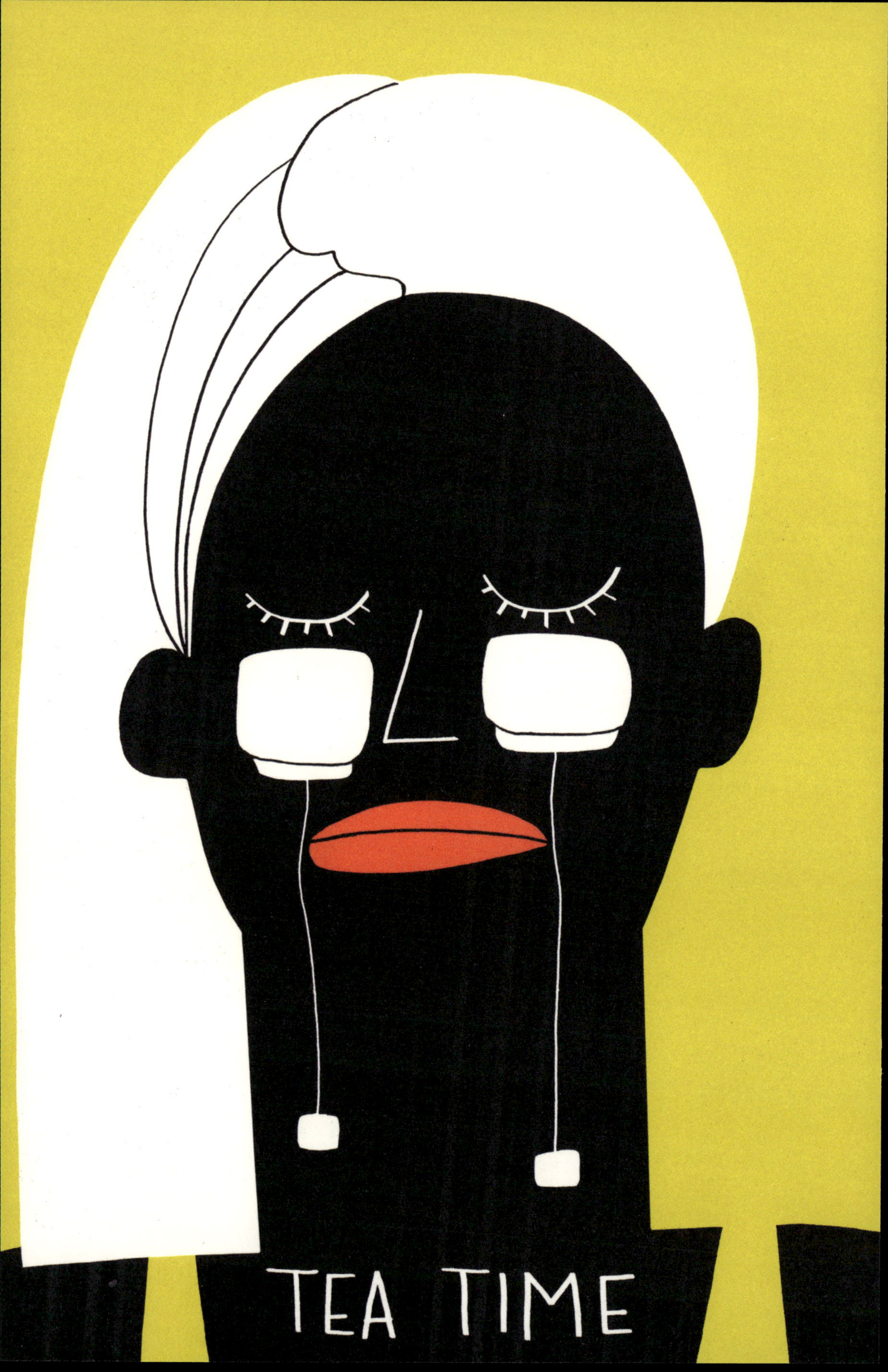
TEA TIME

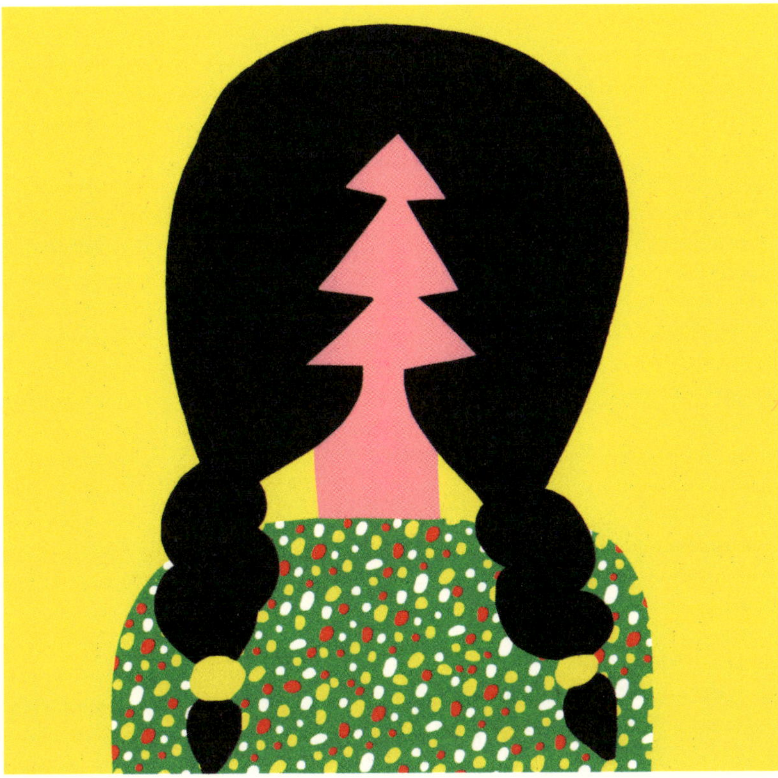

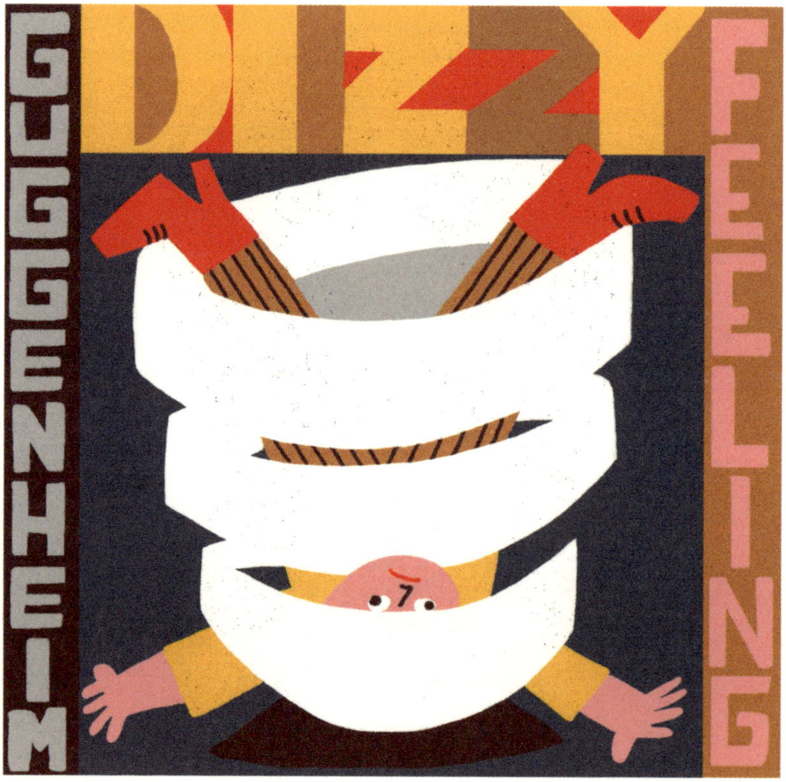

DIZZY
GUGGENHEIM
FEELING

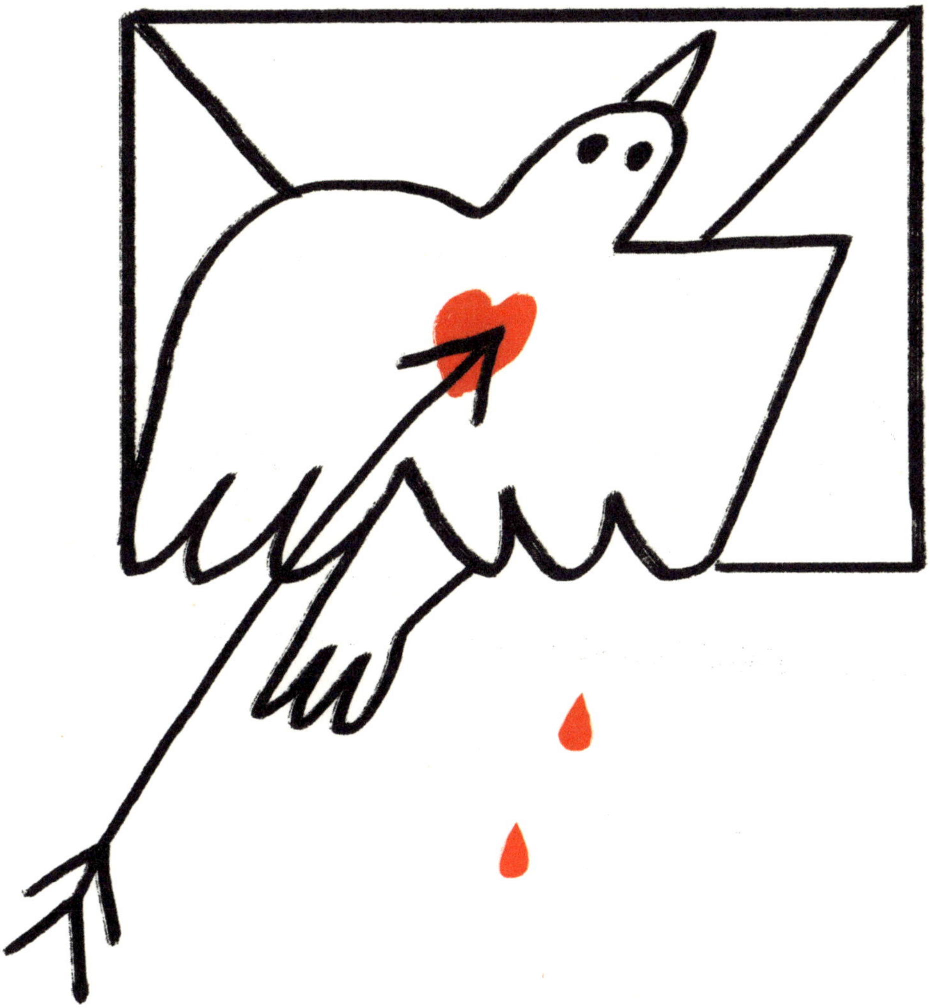

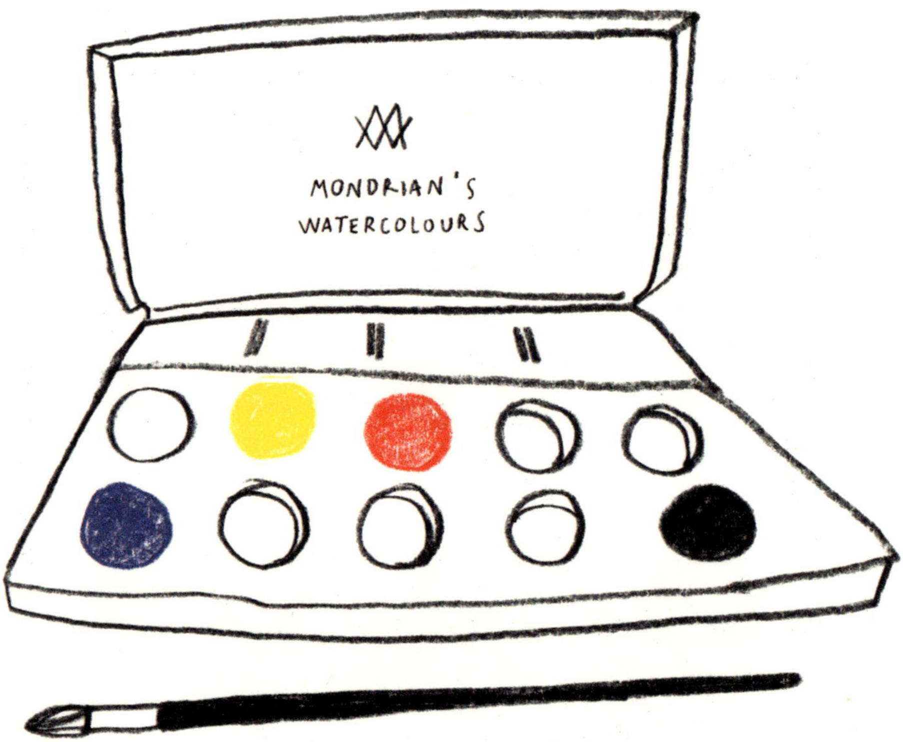

AN INCOMPLETE CHILDHOOD

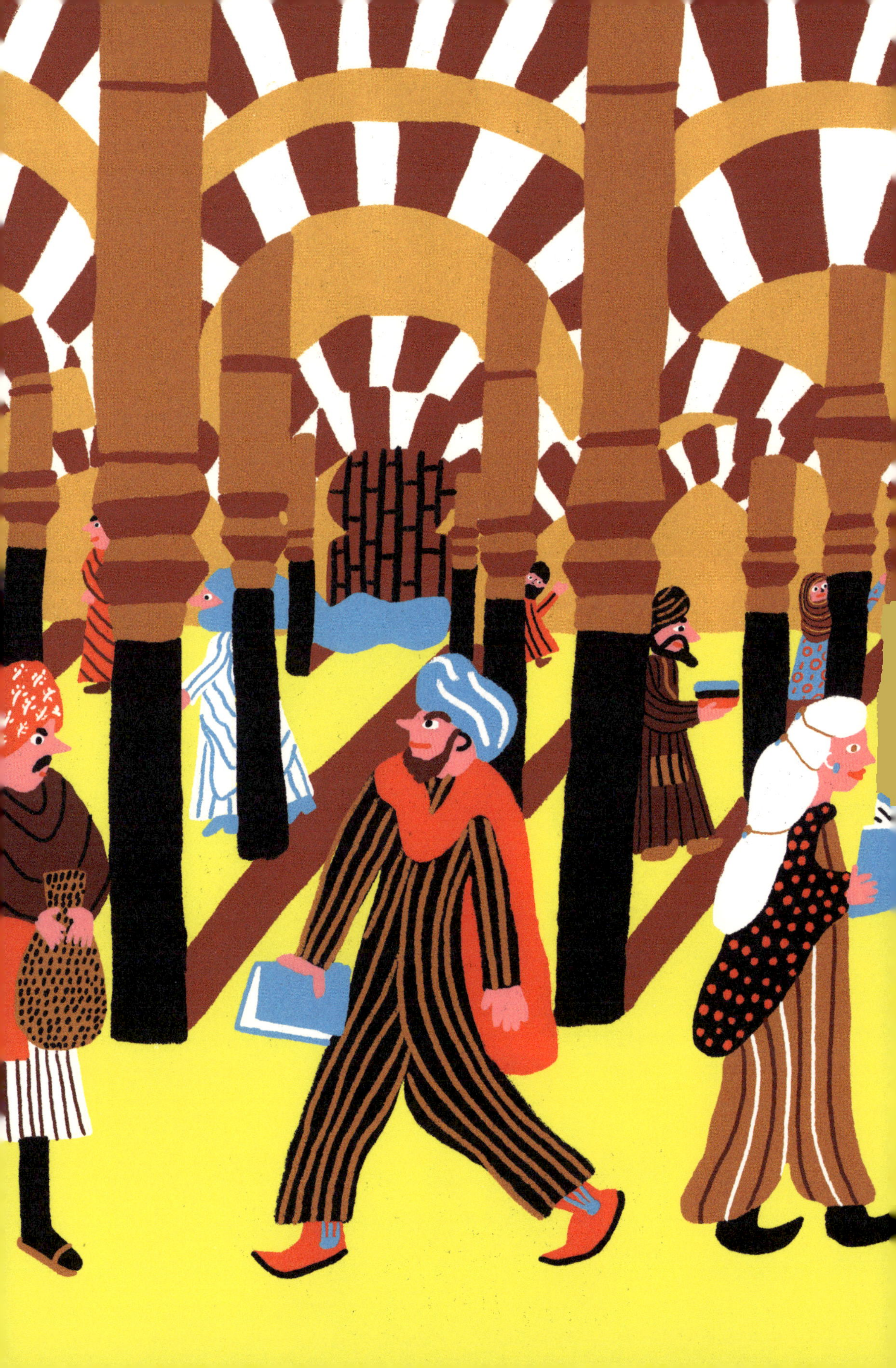

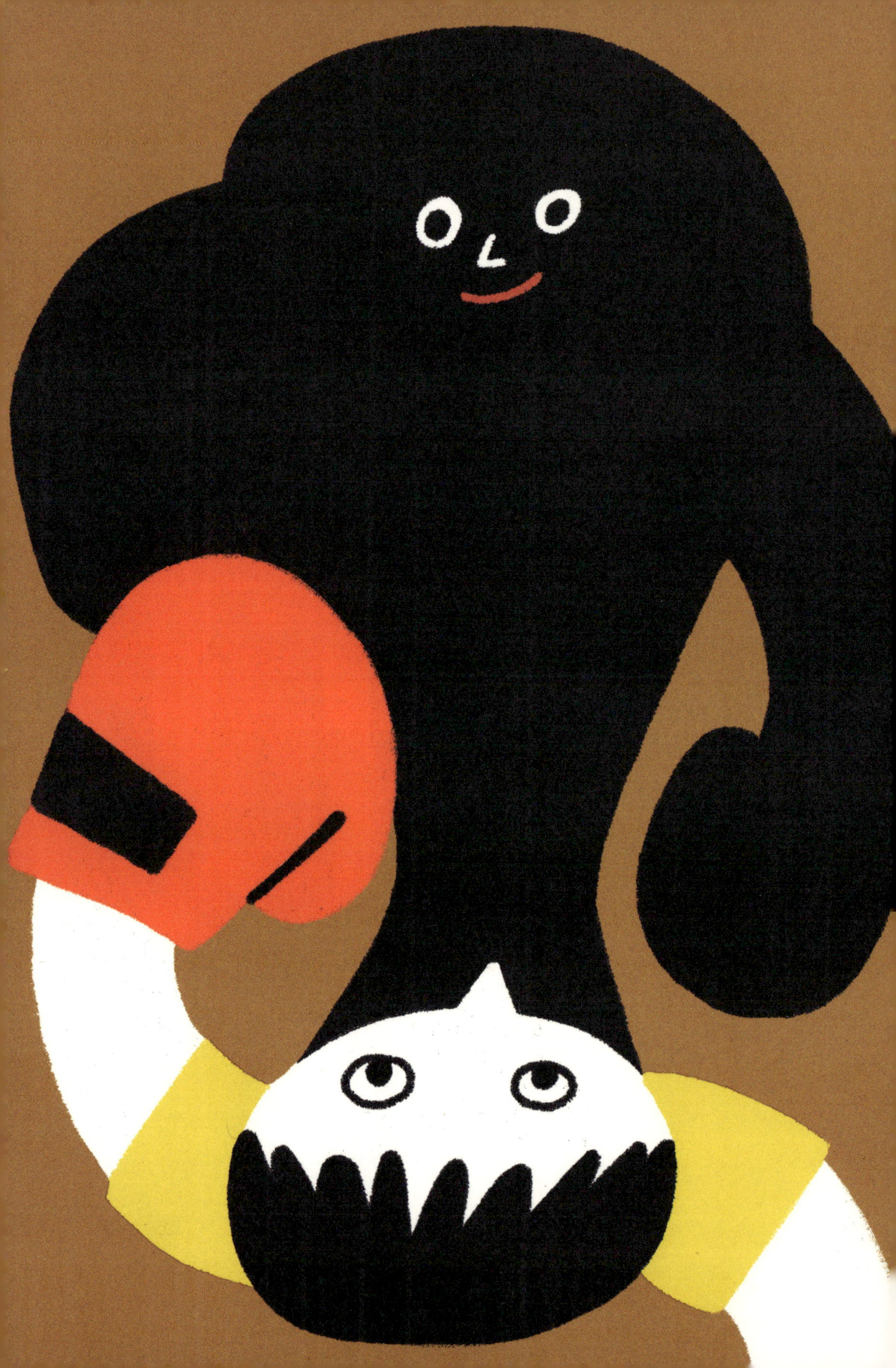

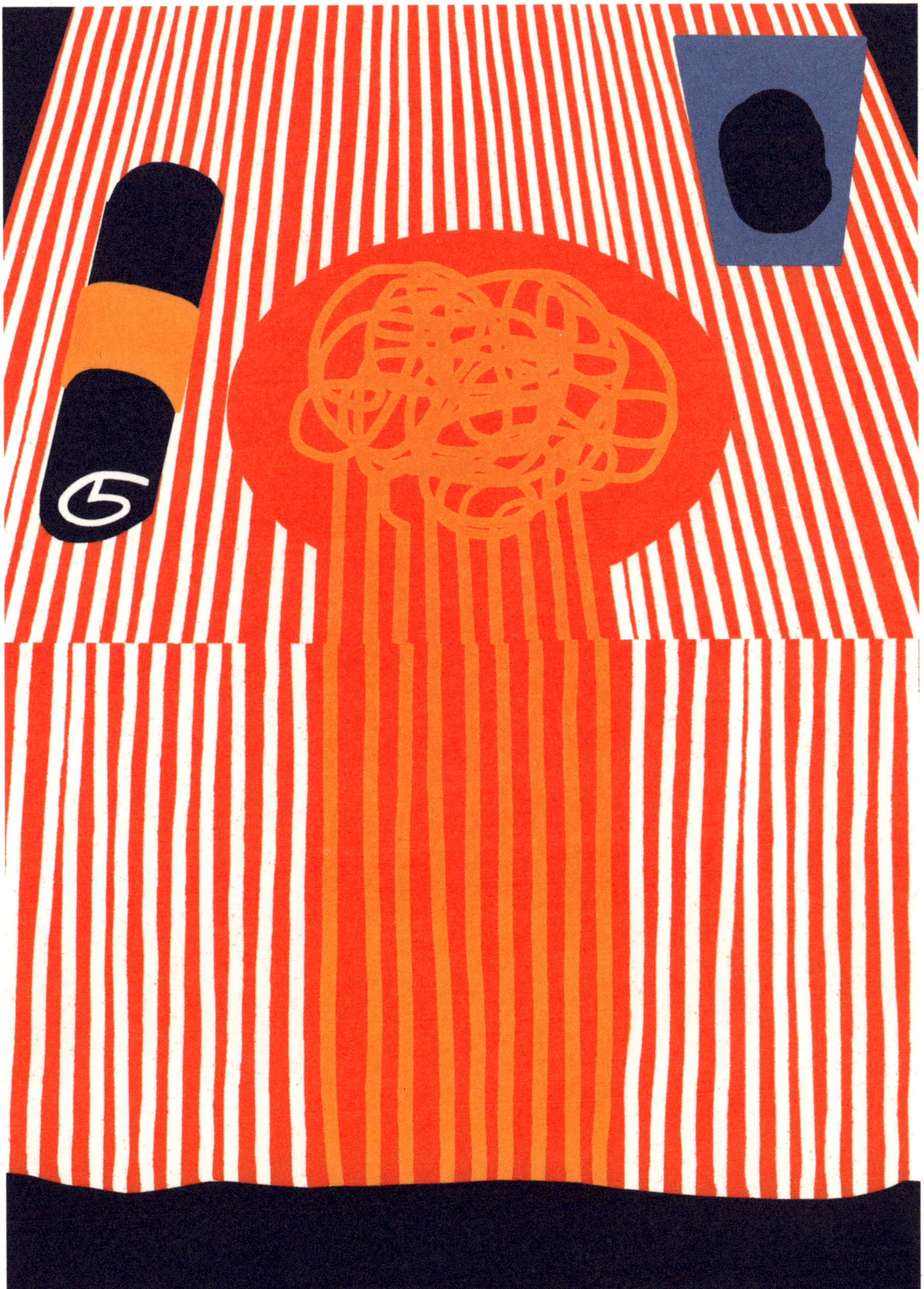

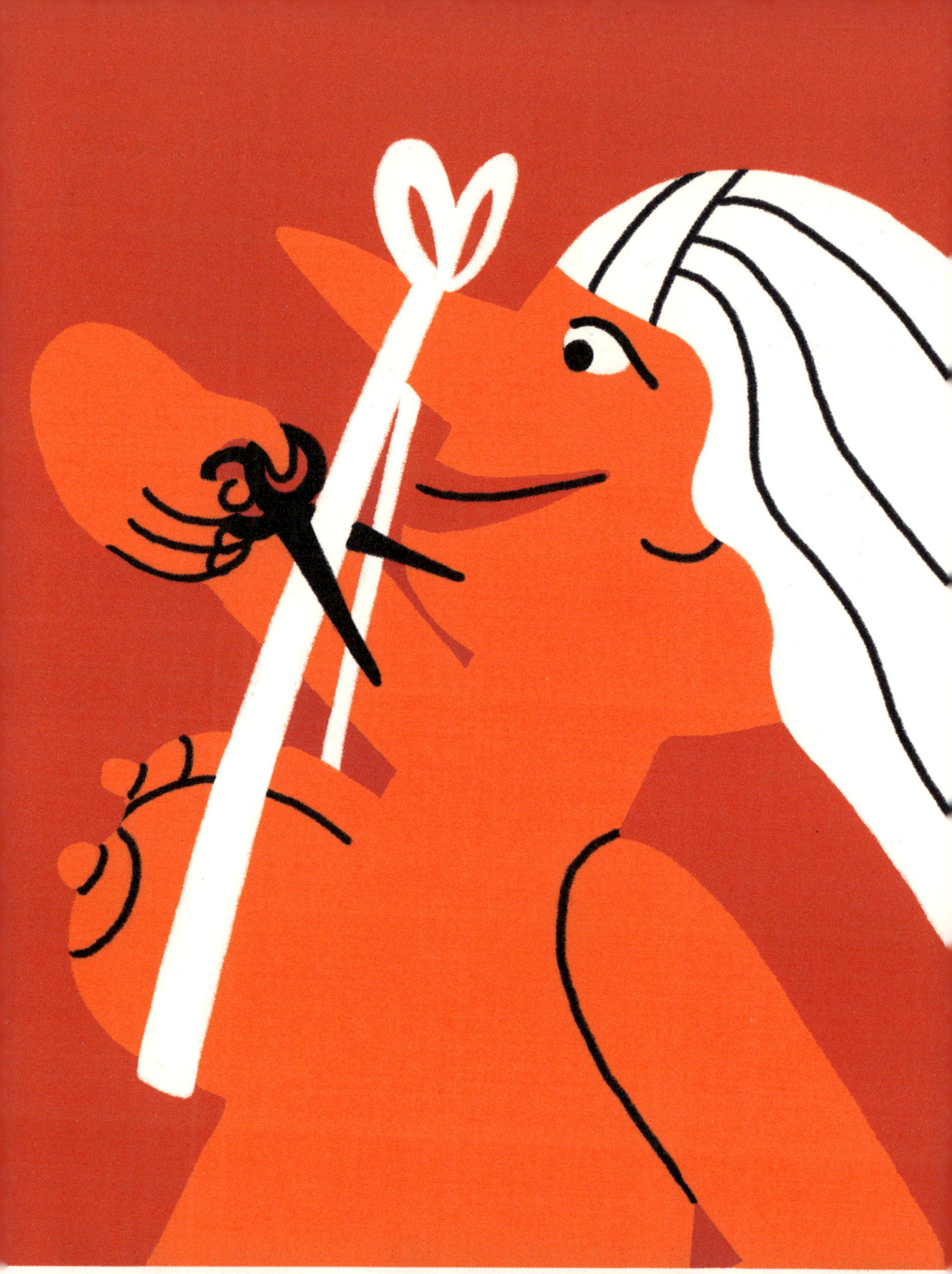

NO PUSH UP.

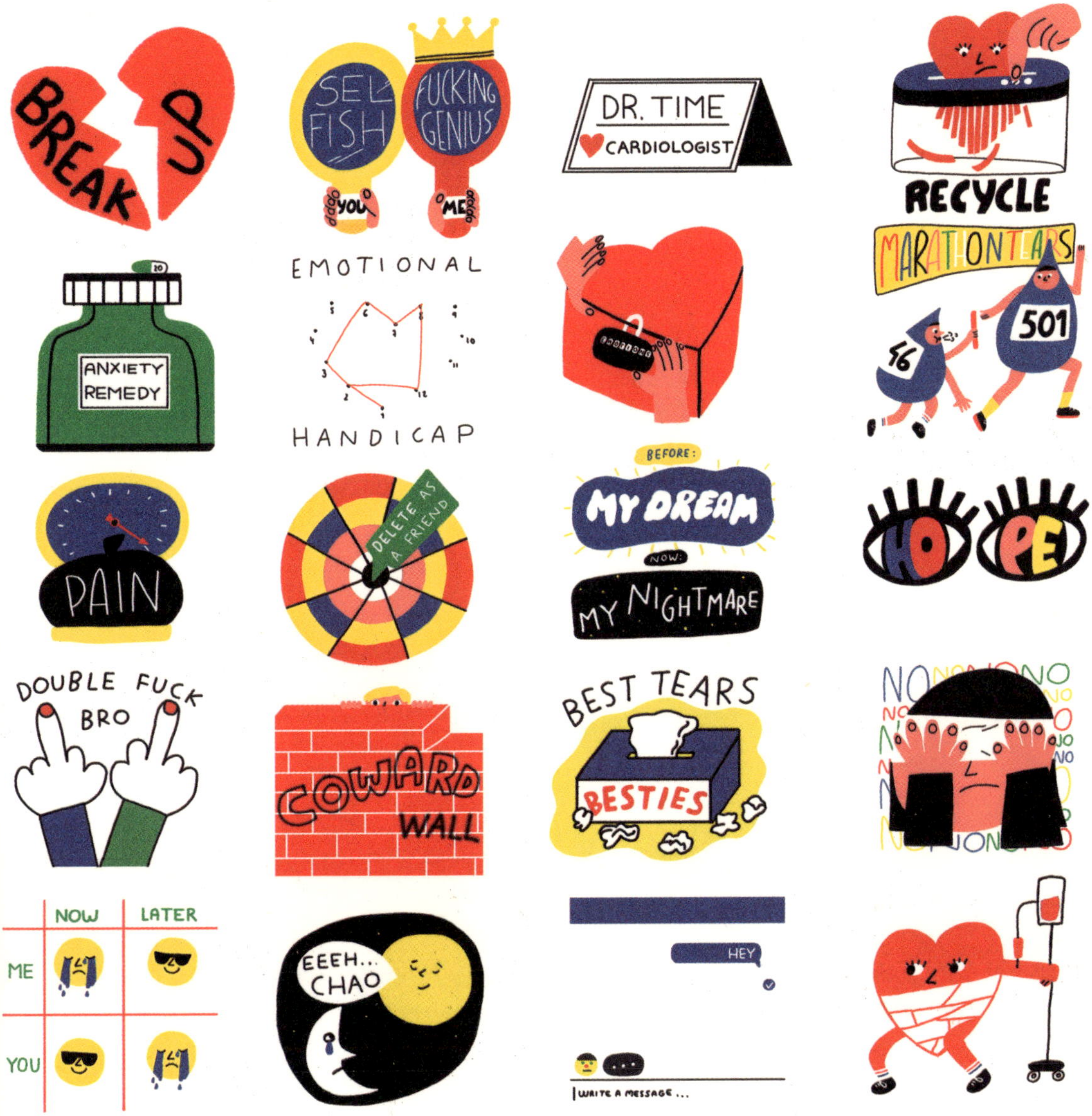

BREAK UP
SELFISH
YOU
FUCKING GENIUS
ME
DR. TIME
CARDIOLOGIST
RECYCLE
ANXIETY REMEDY
EMOTIONAL
HANDICAP
MARATHONTEARS
501
46
PAIN
DELETE AS A FRIEND
BEFORE:
MY DREAM
NOW:
MY NIGHTMARE
HOPE
DOUBLE FUCK BRO
COWARD WALL
BEST TEARS
BESTIES
NO
NOW
LATER
ME
YOU
EEEH... CHAO
HEY
WRITE A MESSAGE...

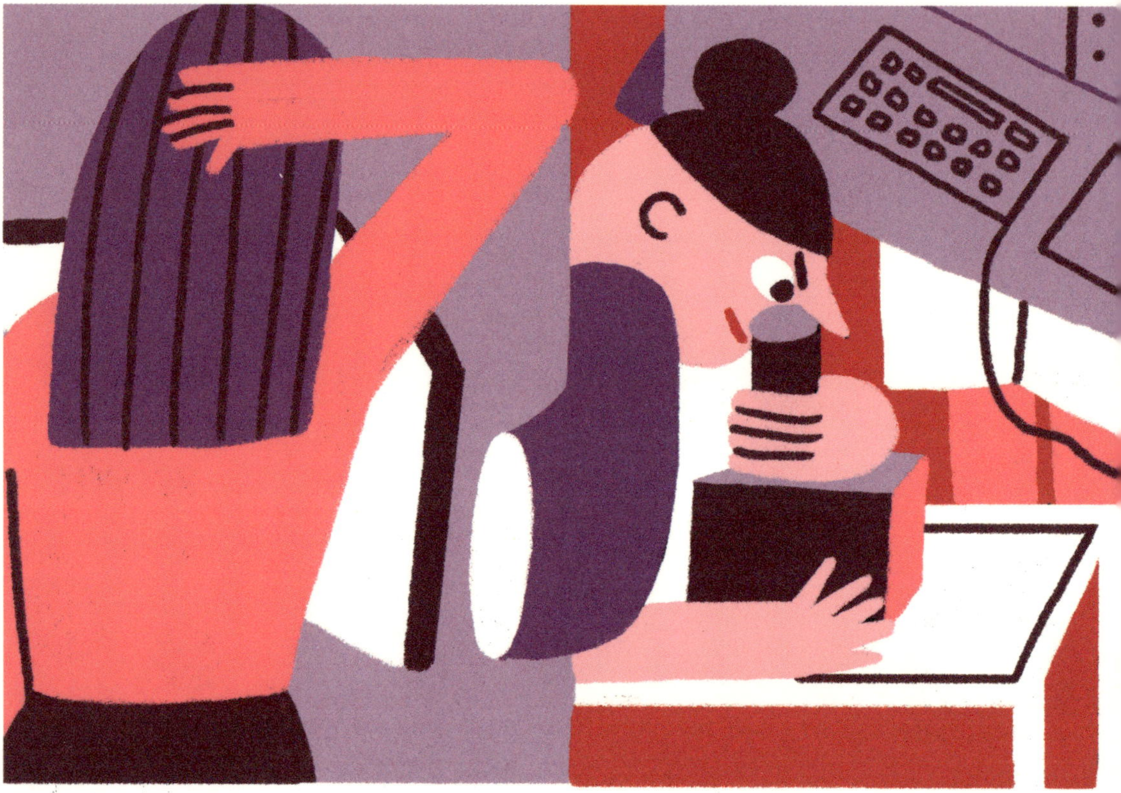

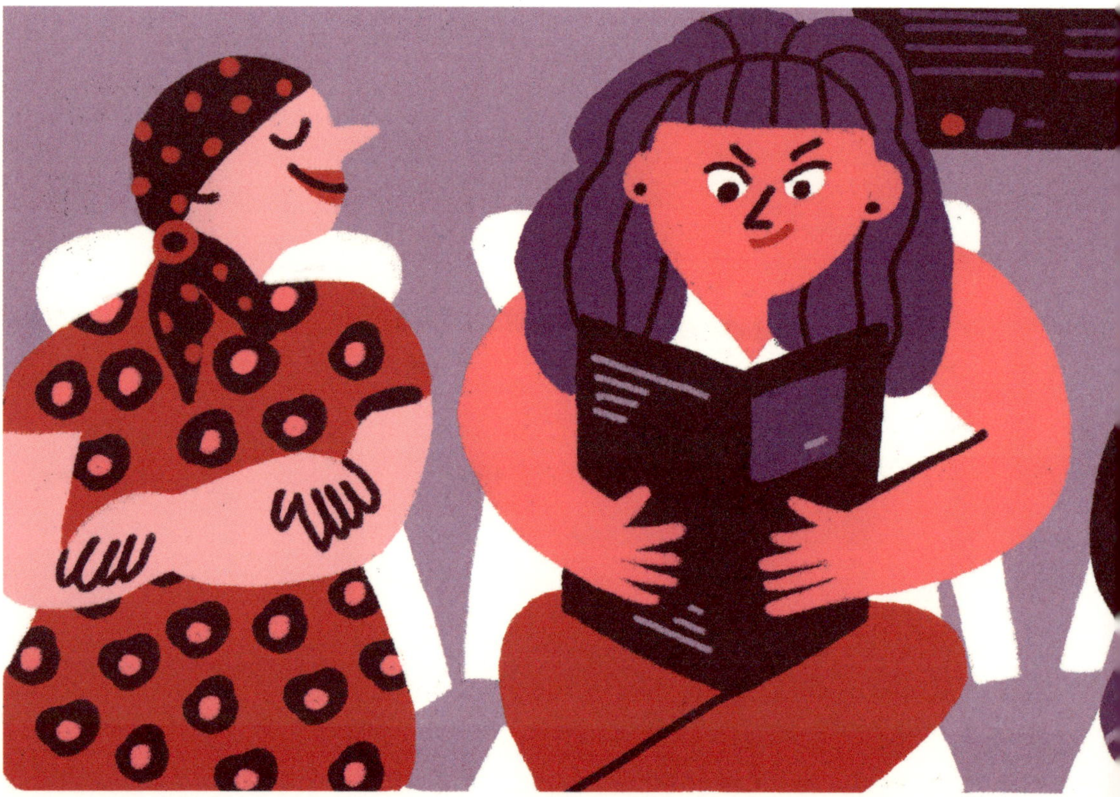

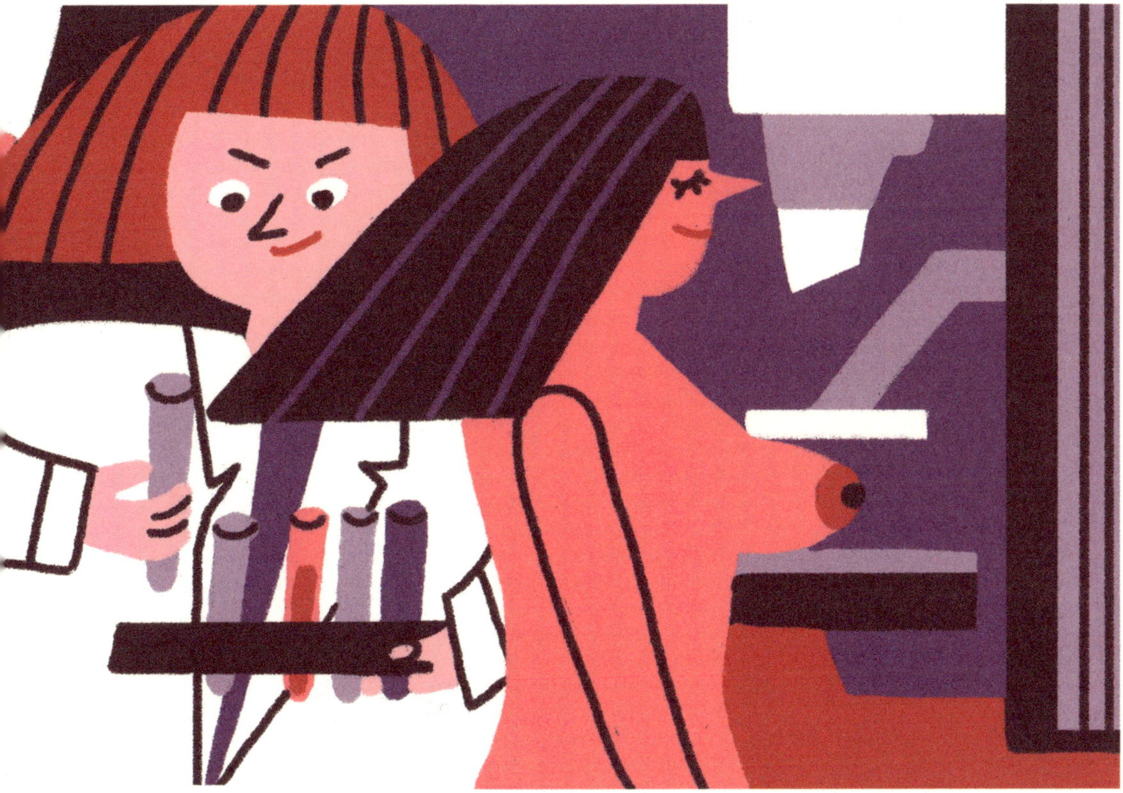

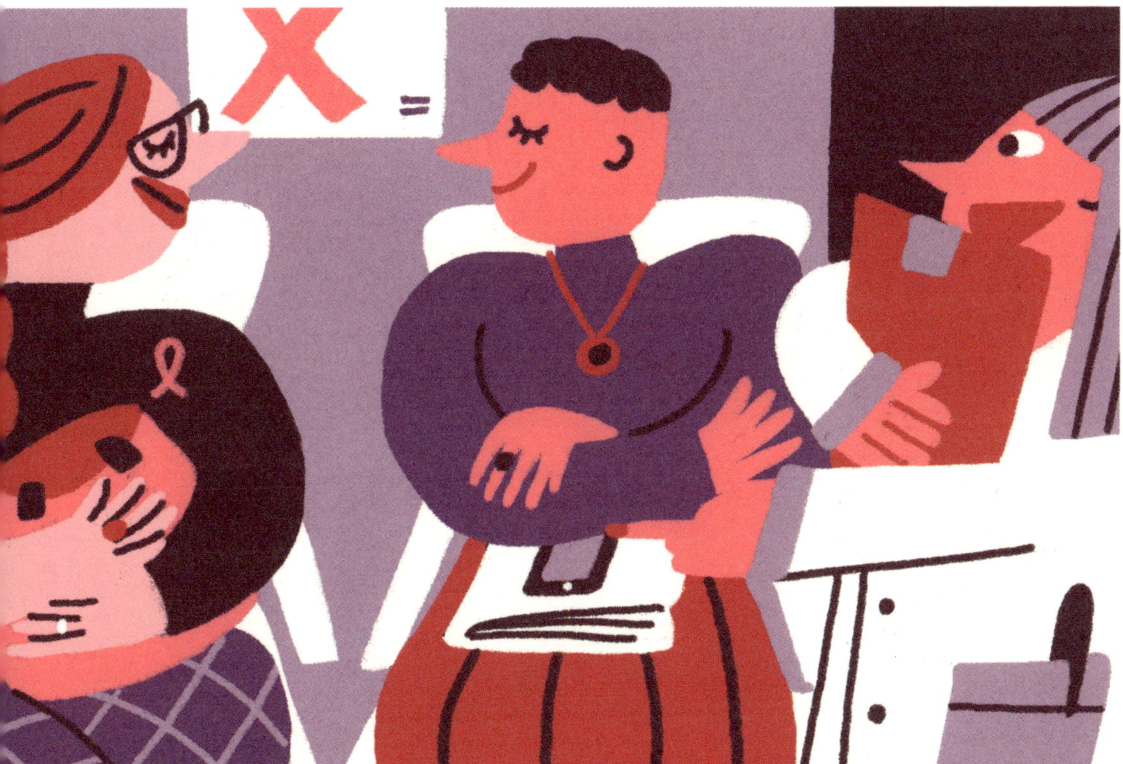

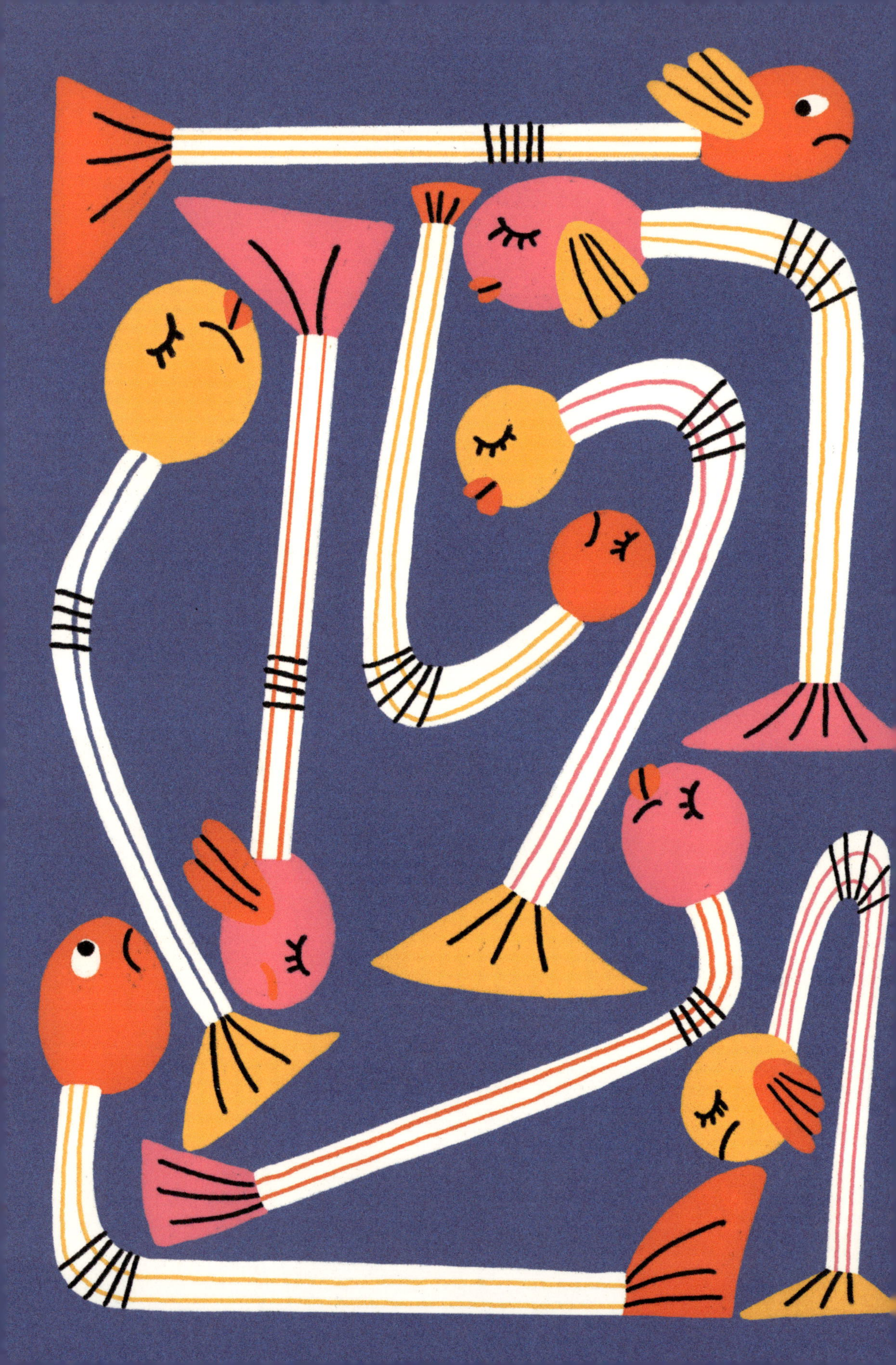

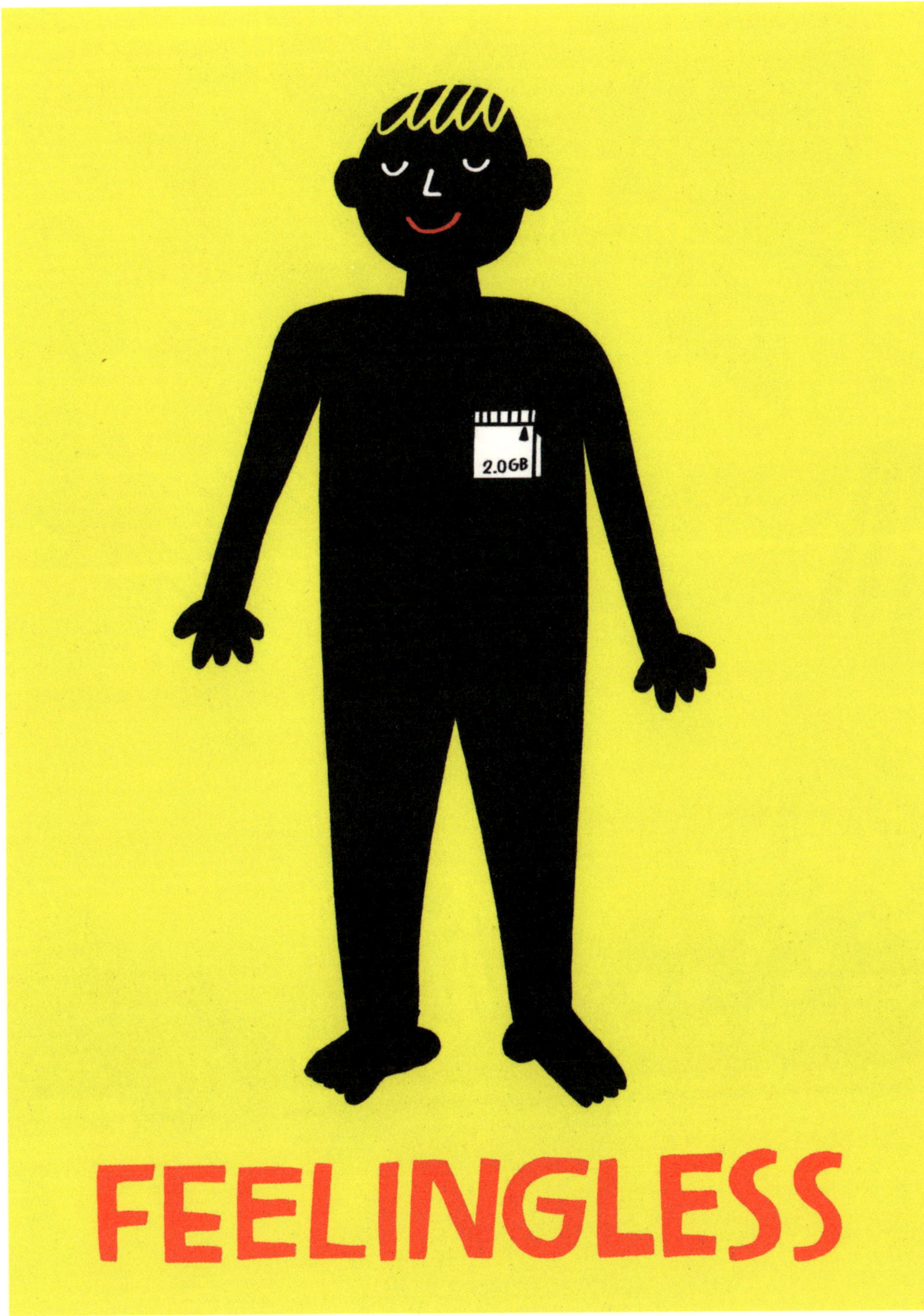
2.0GB
FEELINGLESS

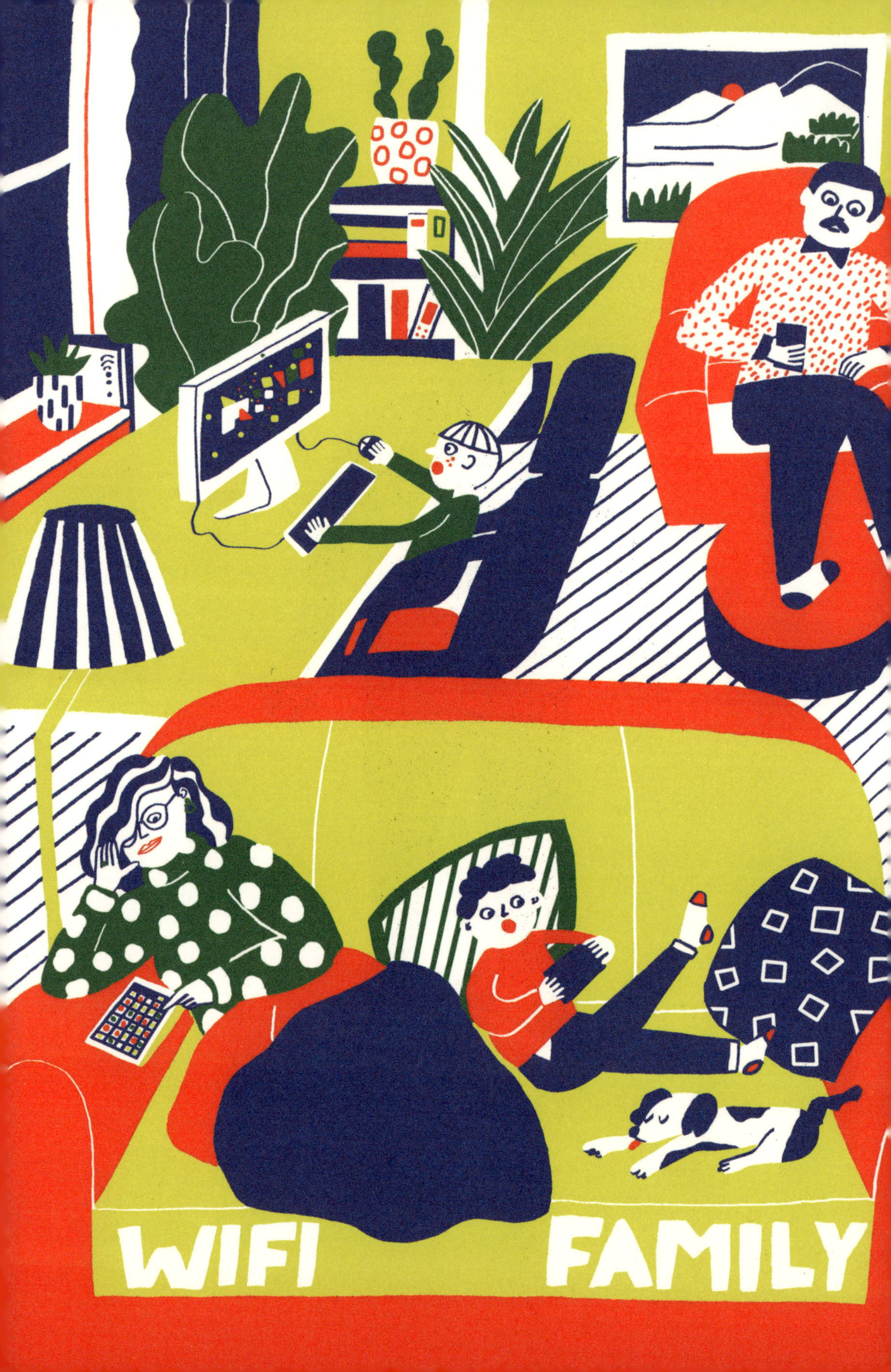
WIFI FAMILY

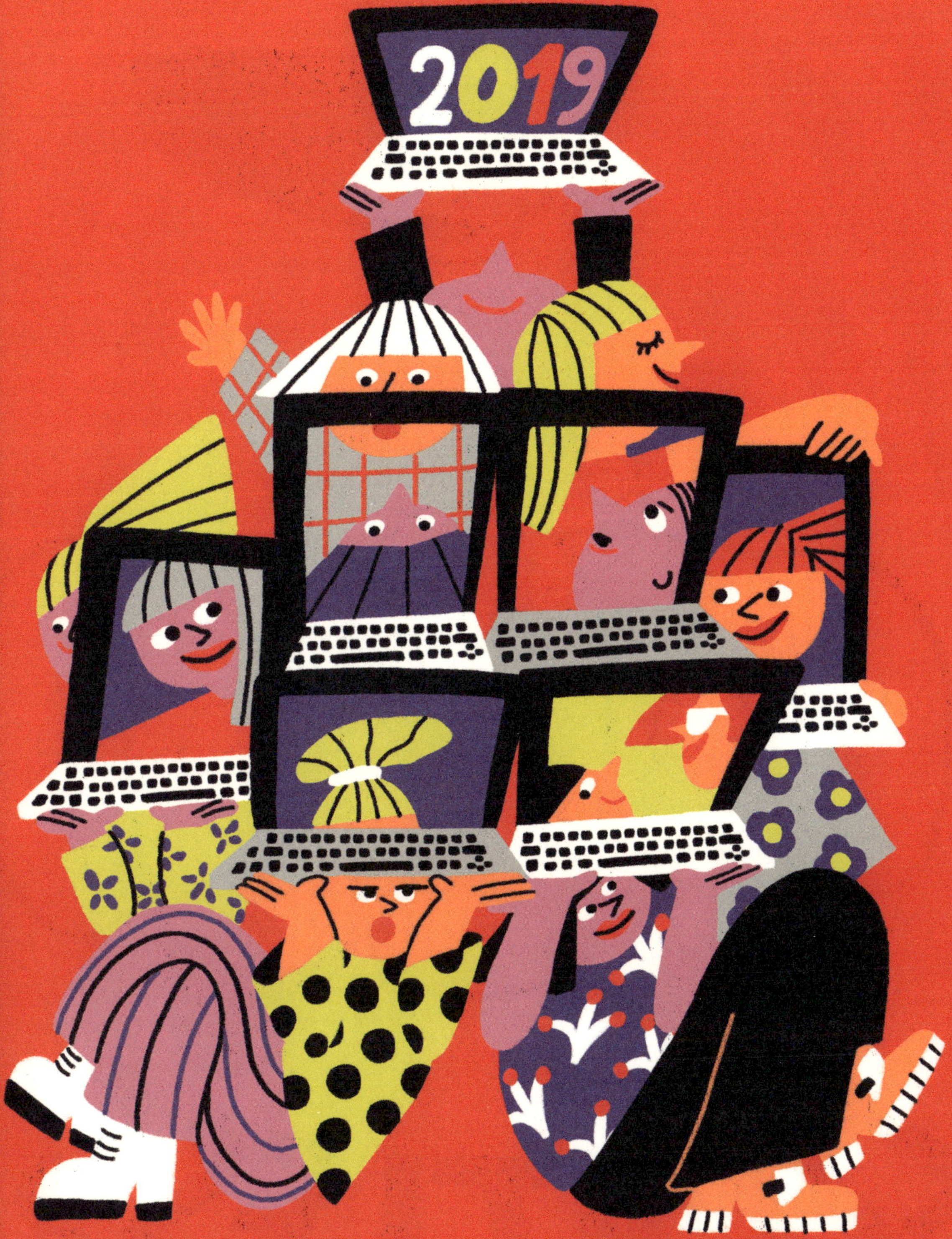
2019

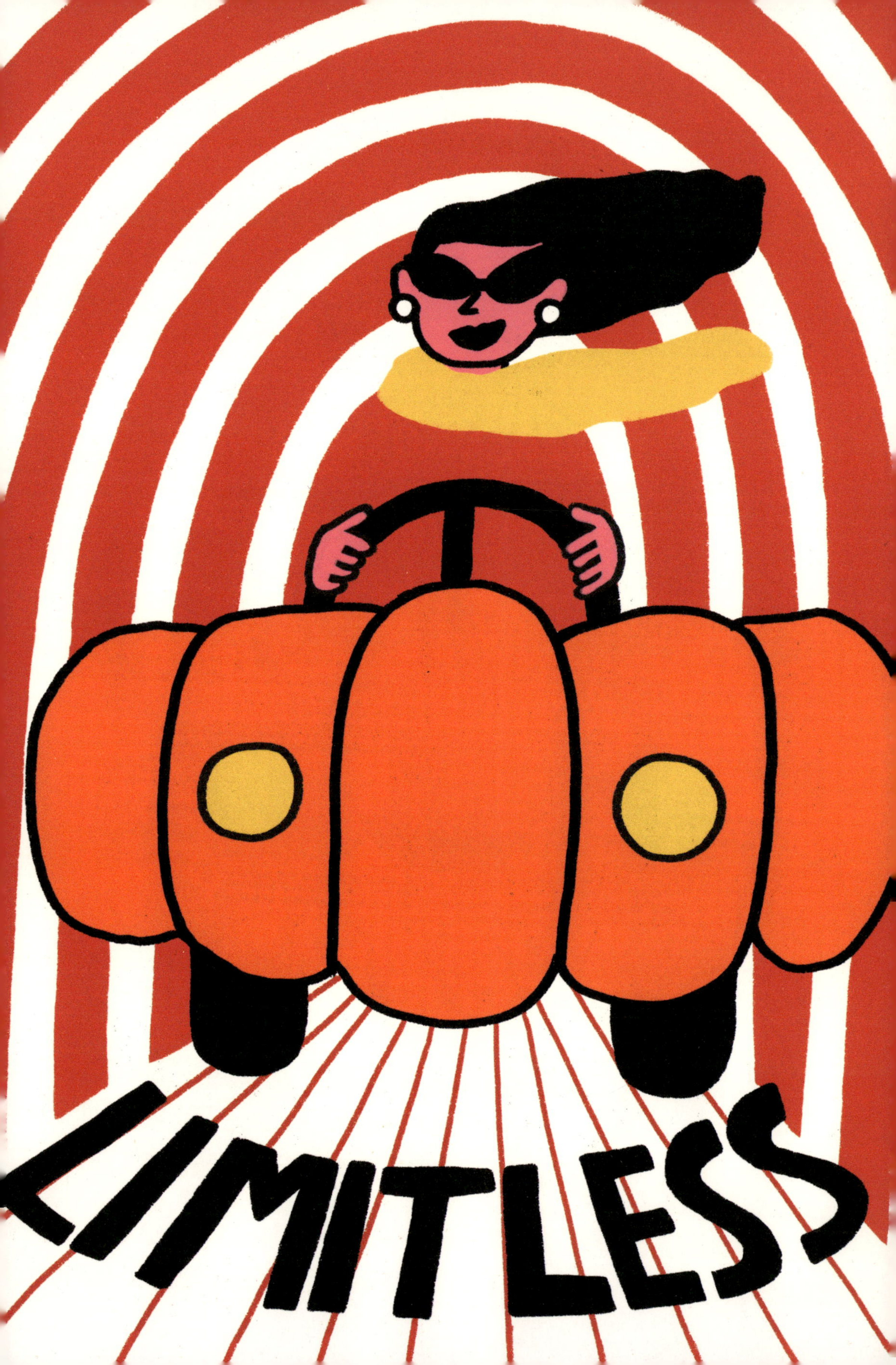
LIMITLESS

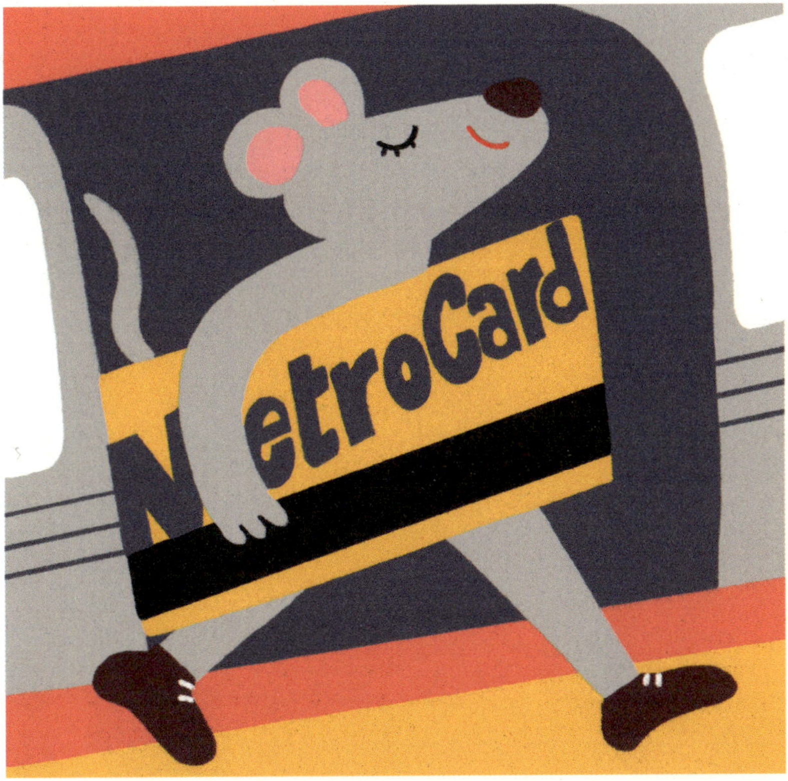
MetroCard

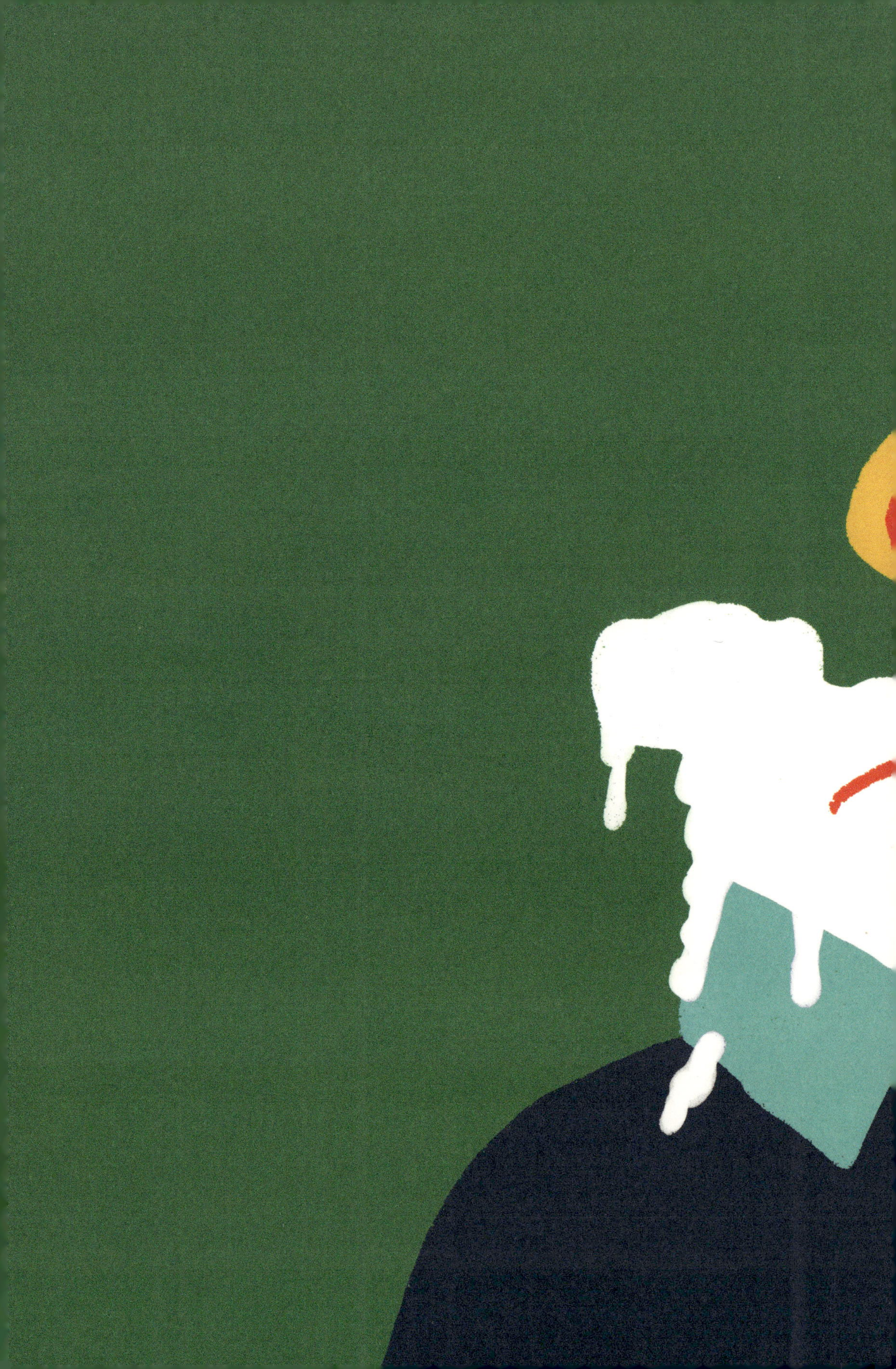

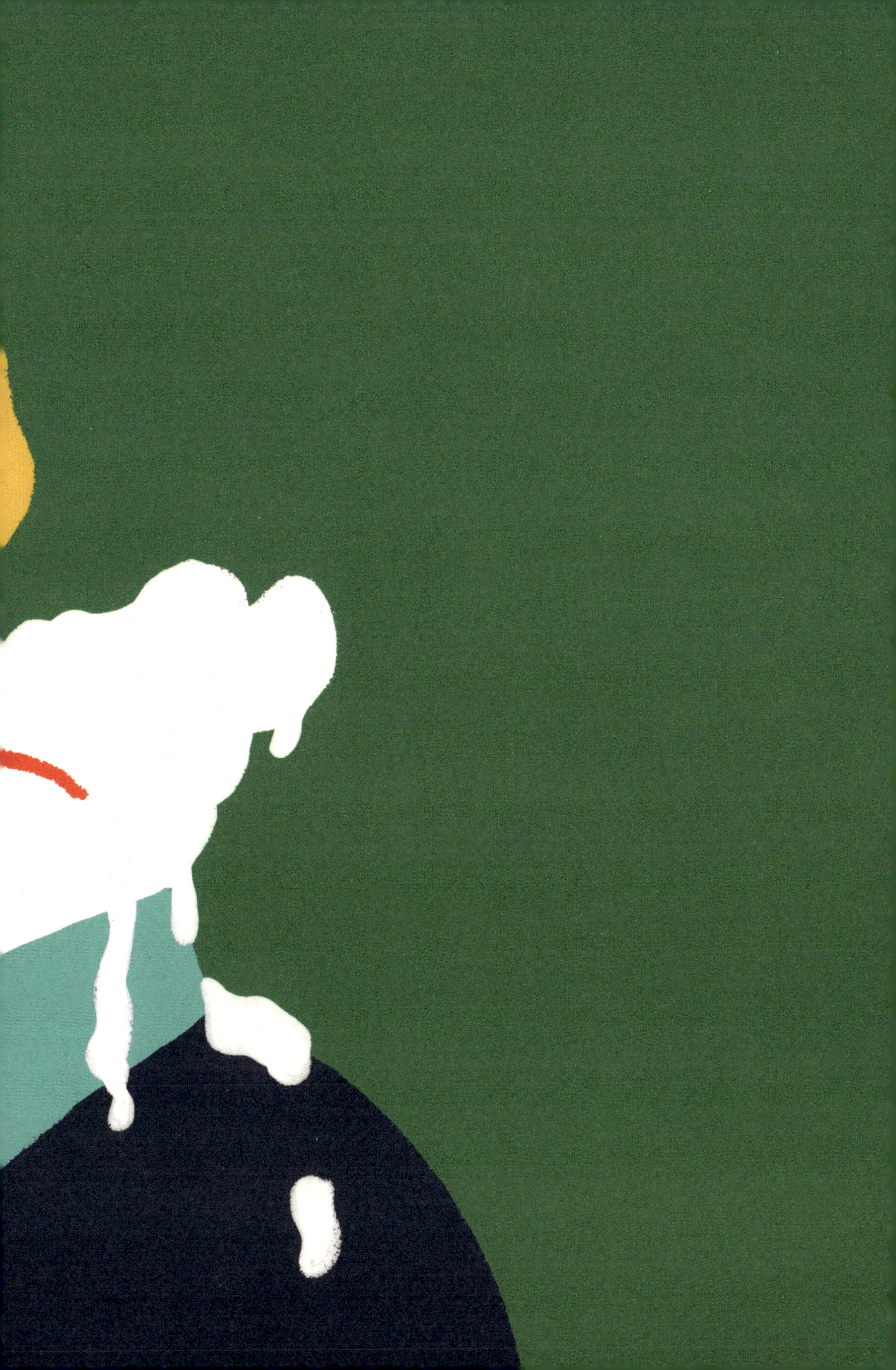

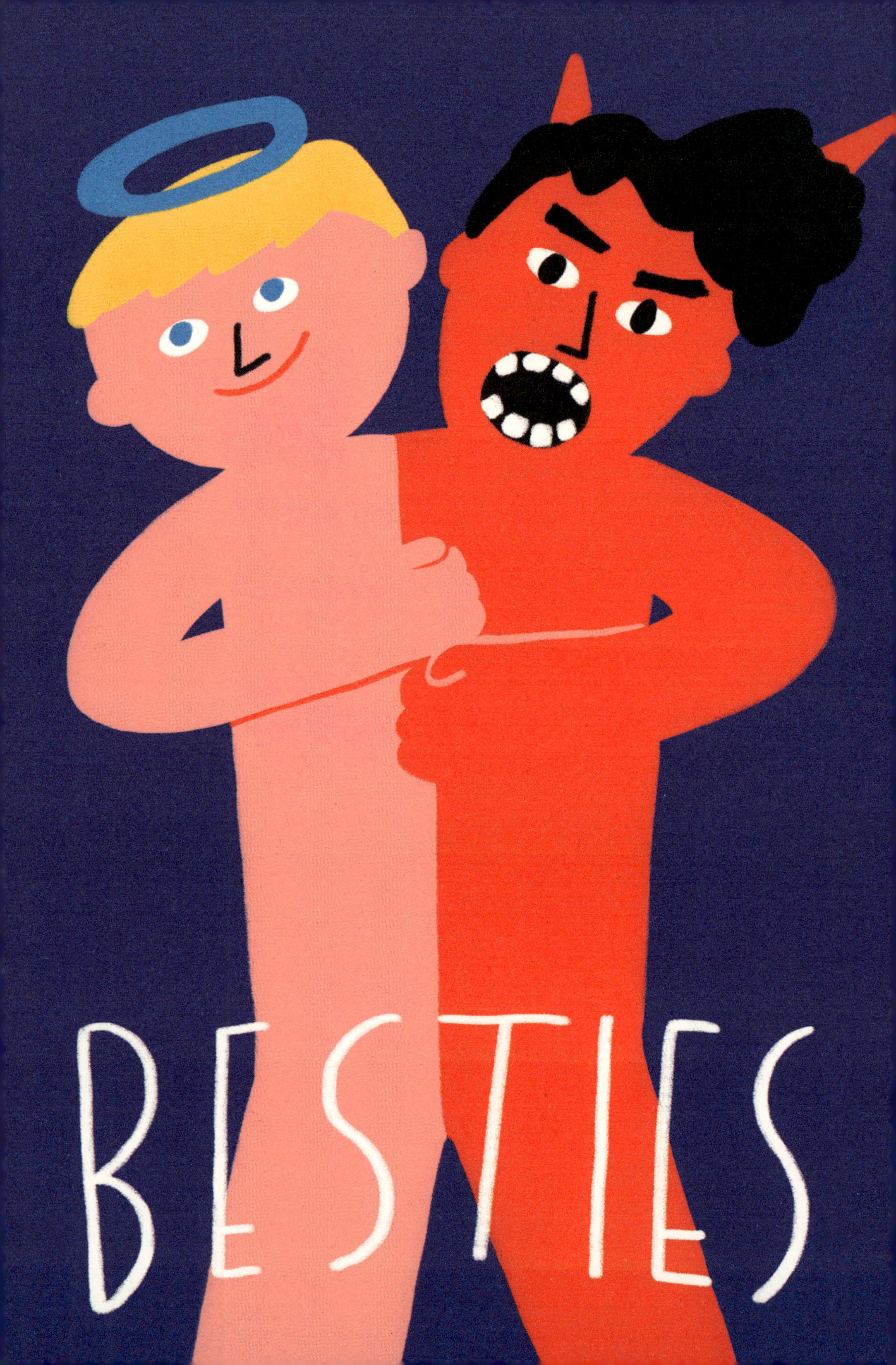
BESTIES

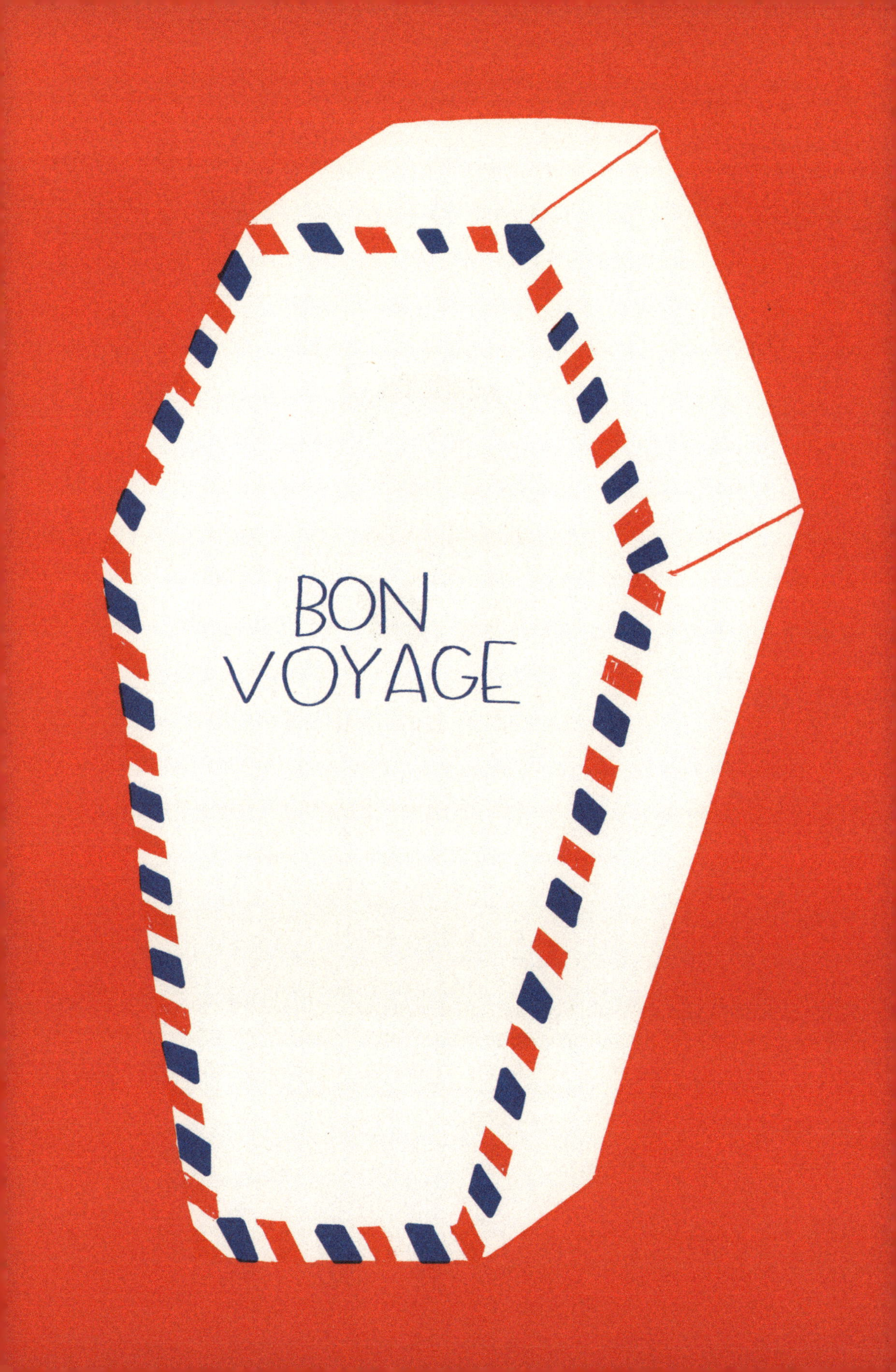
BON
VOYAGE

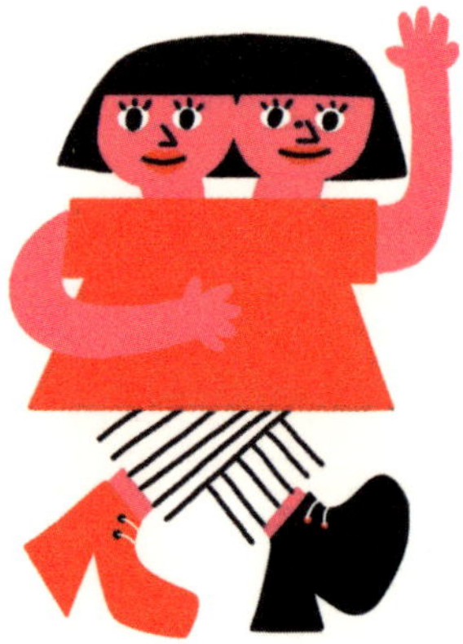

Nuria Bellver y Raquel Fanjul se
conocieron en 2006, en la matrícula
de Bellas Artes El último año de
universidad 2010/2011 sintieron
la llamada de Cachetejack y unieron sus
fuerzas para dar vida a este monstruo
de dos cabezas y cuatro manos con
un espíritu crítico, divertido,
honesto y juguetón.
Desde ese momento han trabajado para
clientes nacionales e internacionales
en diferentes campos: prensa editorial,
campañas publicitarias, libros infantiles,
portadas, moda, packaging, murales...
y realizado exposiciones individuales y
colectivas, ferias de ilustración, charlas
y residencias artísticas en diferentes
partes del globo terráqueo... todo es
posible en Cachetejack.

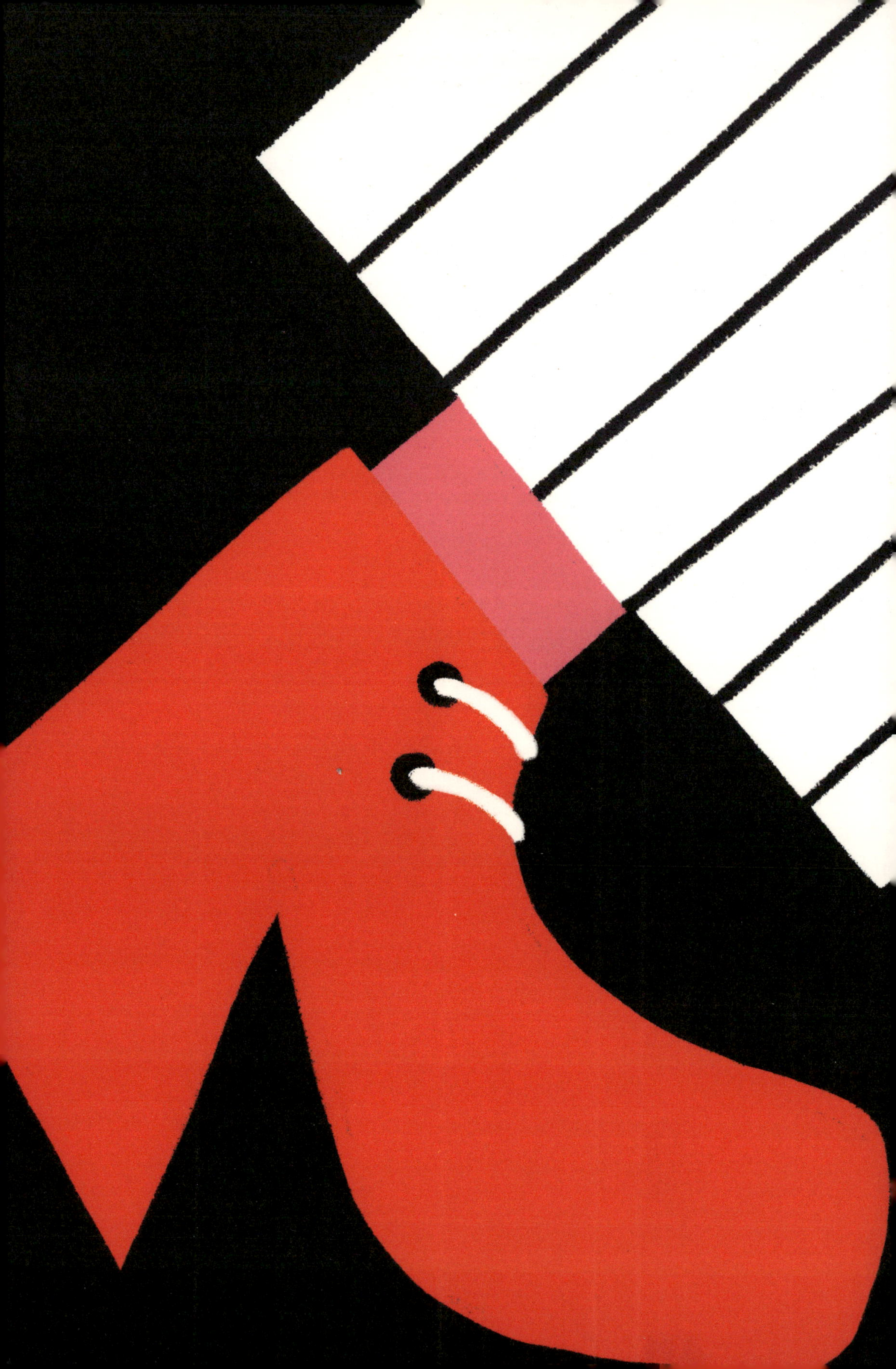